뇌를 움직이는 메모

✤

이 책에 담긴 '메모의 기술'이

당신이 꿈꾸는 미래를 실현시키는 하나의 수단이 되기를

진심으로 바라며

지은이 | 사카토 켄지 옮긴이 | 김하경 그린이 | 이현정
펴낸이 | 이재은 펴낸 곳 | 비즈니스세상
편집 | 조혜린, 송두나 디자인 | 황숙현
마케팅 | 이주은, 이은경, 박용
주소 | 서울시 마포구 서교동 444-16호 영진 빌딩
전화 | 02-338-2444 팩스 | 02-338-0902
E-mail | everybk@hanmail.net
Homepage | www.ieverybook.com   www.세상모든책.kr
출판등록 | 1997.11.18. 제10-1151호
초판 1쇄 발행 | 2009년 8월 11일 초판 4쇄 발행 | 2009년 10월 9일
ISBN 978-89-5560-244-9 03320

 비즈니스세상은 세상모든책의 임프린트입니다.

잘못 만들어진 책은 바꾸어 드립니다.

뇌를 움직이는 메모

사카토 켄지 지음 | 김하경 옮김

비즈니스
세상
Business world

꼼꼼하게 메모를 하는데도 사소한 실수나 누락이 많다.

자신은 부지런히 뭔가를 적는데도 "메모 좀 제대로 해라."라거나 "일을 계획적으로 해야지!"라는 지적을 받는다.

이 책은 '메모의 기술'에 관련된 책을 읽어도 좀처럼 메모하는 습관이 몸에 배지 않는 사람이나 업무에 적극적으로 활용하지 못하는 사람, 혹은 이제부터 메모하는 법을 익히고 싶은 사람 모두에게 효율적인 메모 비법을 익힐수 있도록 '뇌의 작용'에 바탕을 둔 새로운 형태의 메모 기술을 소개한다.

'메모를 한다'는 행위를 통해 우뇌와 좌뇌를 활성화시키면 '정보의 입력(Input)과 편집, 출력(Output)'이라는 일련의 과정을 거치면서 뇌의 능력이 더욱 향상된다.

물론 나는 과학자가 아니므로 뇌의 어느 부분이 어떤 식으로 작용하여 기억이 축적되는지, 또 그 기억을 간단하게 검색하여 추출할 수 있는 방법이 무엇인지 등에 대한 과학적 지식은 해박하지 않다.

뇌의 작용을 더욱 구체적으로 알고 싶다면 뇌 과학자가 쓴 책을 읽어보길 바란다.

나는 지금까지의 경험을 통해 뇌의 작용을 의식하면서 메모를 '습관화' 하면 업무나 일상생활 등 다양한 상황에서 발생할 수 있는 사소한 실수를 없애는 동시에 자신의 능력을 최대한으로 이끌어낼 수 있다는 사실을 깨달았다.

'뇌의 작용'을 바탕으로 책을 쓴 까닭이 바로 여기에 있다.

원래 부지런히 메모하는 사람이 아니었던 내가 이 '우뇌'와 '좌뇌'를 의식하게 되면서 '메모의 기술'을 주제로 책까지 펴내게 된 것이다.

내가 메모를 시작한 것은 일정을 관리를 하고 의뢰인(클라이언트)에게 설명, 설득하는 기획서를 작성하기 위해서였다.

어릴 때부터 글쓰기보다 그림 그리기를 좋아했던 나는 미술 대학에 진학하여 그래픽 디자이너가 되는 길을 택했다.

하지만 그래픽 디자이너라는 직업은 러프 스케치(Rough Sketch, 대략적인 밑그림-역주)하는 기술 못지않게 그것을 문자로 설명하는, 즉 기획서를 작성하는 능력도 중요했다.

이를테면 상대 회사의 상품이나 서비스를 광고, 선전하기 위해 작성한 기획서를 보고 의뢰인은 자기 회사의 경영 이념이나 방침에 부합하는지, 또 '기획서에 적힌 광고 계획안'에 의도한 콘셉트(Concept)가 제대로 반영되었는지 확인할 수 있다.

즉, 상대 회사의 경영진은 내가 작성한 기획서를 읽고 우리 쪽에서 제안하는 광고 기획을 계약할지 말지를 판단하는 것이다.

이 한 장의 기획서가 물거품이 되면 일을 할 수도, 매출을 올릴 수도 없다.

나는 정신없이 기획서를 쓰면서 3, 40대를 보냈다. 그림을 그리고 싶어서 광고 업계에 들어왔는데 매일 글을 쓰며 시간을 보낸 것이다.

덕분에 이른바 좌뇌 영역을 사용하는 '지적 통제' 능력이 발달해 사물을 감성(우뇌 영역)으로 받아들이는 데 그치지 않고 지적(좌뇌 영역)으로도 생각할 수 있게 되었다. 그러는 사이 일정 관리와 기획서를 작성하기 위해 시작한 메모가 일상에서 발생하는 문제를 해결하는 실마리를 제공한다는 사실을 깨달았다.

메모 습관을 통해 문제 해결의 실마리를 발견하여 최선의 대응책을 마련할 수 있었다.

혹시 《2001년 우주여행》이라는 영화를 기억하는가?

이 영화에는 원시 시대의 원숭이가 우연히 자석판을 만지자 불가사의한 힘이 작용하여 지혜를 얻게 되고, 그 지혜를 활용해 동물의 뼈를 무기로 활용하는 에피소드가 나온다.

지금 생각하면 제대로 기획서를 쓸 수 없었던 내가 그야말로 이 영화에

등장한 '인간으로 진화하기 전의 원숭이'나 마찬가지였다.

그런 내가 문자를 쓰는 행위를 통해 지성을 키우게 되었다.

감성 주도형 인간, 이른바 우뇌만 사용하던 내가 문자의 힘을 통해 지성, 즉 좌뇌의 힘을 갖추게 된 셈이다.

현대의 정보화 사회에서 살아남으려면 메모를 통해 우뇌와 좌뇌를 활성화하는 노력이 더욱 중요하다.

선배가 누군가에게 이런 말을 들었다고 한다.

"비즈니스맨에게는 글자를 쓰고, 땀을 흘리고, 창피를 당하는 능력이 반드시 필요하다."

이 말을 메모에 적용하면 '글을 써서, 창피를 당하고, 이를 통해 뇌를 단련하여 뇌에서 땀이 나도록 머리를 써라!'가 되지 않을까?

메모를 하면 뇌의 흡수력이 향상되어 뇌가 더욱 활발하게 움직인다.

신체를 사용하지 않으면 체력이 떨어지듯이 뇌도 사용하지 않으면 그 능력이 쇠퇴하고 만다.

'비즈니스맨이여, 우뇌와 좌뇌의 능력을 의식하며 메모하라!'

CONTENTS

제5장　실천! 비즈니스 현장에서의 메모 〈우뇌편 · 좌뇌편 · 종합편〉

제6장　뇌를 단련하는 방법

왜 지금 메모가 필요한가?

1 | 메모가 필요한 시대

❶ 두뇌 붐

한 남성이 좋아하는 여성과 데이트할 때 자신이 좋아하는 상대 여성의 특정 부분만 정신없이 보다 보니 대화 내용은 전혀 기억나지 않았다는 이야기를 들은 적이 있다.

이처럼 자신의 세계에 갇혀 자신이 원하는 모습만 보는 사람의 뇌에는 아무 정보도 남지 않는다. 결국 상대방이 한 말조차 전혀 기억하지 못하는 사태에 이르는 것이다.

하지만 중요한 약속이나 두 사람이 대화한 내용을 기억하지 못한다면 나중에 곤란한 상황에 부딪히게 될지도 모른다. 자신의 이야기를 들어주지 않는, 혹은 기억하지 못하는 남성을 좋아할 여성은 이 세상에 없기 때문이다.

사람들은 자주 '기억에 없다', '생각이 안 난다'는 핑계를 댄다. 과거에 분명히 일어났던 일, 누군가와 분명히 나누었던 대화를 기억하지 못하는 것이다.

사람들은 눈앞에서 벌어지는 어떤 일에 흥미가 없으면, 그 정보는 불필요하다고 판단하고는 대개 머릿속에 담지 않는다. 그래서 '기억해내는' 이른바 '검색' 작업을 해도 아무것도 생각나지 않는 것이다.

남녀 사이의 데이트를 예로 들었지만, 반드시 기억해야 할 내용을 놓치지 않고 붙잡아내는 능력은 매우 중요하다. 일상에서, 그리고 우리 인생에서 중요한 사항은 확실하게 뇌에 각인시켜야 한다.

때마침 최근 들어 두뇌 활동에 관련된 분야들이 크게 주목받고 있다. 그 영향인지 뇌 연령, 두뇌 스트레스, 두뇌 트레이닝, 두뇌 에스테틱 같은 말들을 자주 접한다.

또한 요즘에는 인지 장애 같은 질병이 고령자뿐만 아니라 한창 일할 나이인 50대에 발생하는 사례가 증가하고 있다.

이런 가운데 '글자를 쓰는 행위가 사람의 두뇌를 활성화시킨다.' 는 사실이 최근 두뇌 과학에서 입증되었다. 글자를 적으면서 두뇌를 자극하면 인지 장애에 매우 효과적이라는 결과가 확인된 것이다.

그렇다면 이상의 내용을 직접 한번 확인해보자.

키보드로 입력한 서류와 직접 손으로 작성한 서류(즉 메모) 가운데 어느 쪽이 더 오래 기억에 남을까?

글자를 쓰는 행위가 두뇌에 어떤 영향을 주는지를 과학적으로 증명하는 것은 전문가에게 맡기더라도, 자신의 손을 사용하여 메모한 문자가 자신에게 어떤 작용을 하는지는 직접 경험해보길 바란다.

다음의 문장을 아래와 같이 직접 써보라.

☐ 우뇌와 좌뇌의 활동 영역 차이

☐ 어느 쪽 뇌를 사용하여 보고 듣는가?

☐ 아티스트와 비즈니스맨의 뇌 활용 방법 차이

☐ 성격 유형으로 어떤 분야에 흥미가 있는지를 알 수 있다

☐ 우뇌와 좌뇌의 활동 영역 차이

☐ 어느 쪽 뇌를 사용하여 보고 듣는가?

☐ 아티스트와 비즈니스맨의 뇌 활용 방법 차이

☐ 성격 유형으로 어떤 분야에 흥미가 있는지를 알 수 있다

'메모를 한다', 즉 글자를 쓰는 행위가 자극이 되어 신경을 통해 뇌에 전달됨으로써 뇌가 활성화되는 것이다.

실제로 최근 일본에서는 불교 경전을 필사하거나 붓글씨를 배우는 사람들이 증가하고 있다. 연필이나 붓으로 고전을 베껴 적는 서적이 베스트셀러가 된 것도 이런 이유에서일 것이다.

❷ 두뇌의 노화는 잘 드러나지 않는다

나는 주 1~2회 꼴로 헬스클럽에 다닌다. 그런데 늘씬하고 탄력 있는 몸매의 젊은이들로 넘칠 것이라는 처음 내 기대와는 사뭇 다른 광경이

펼쳐졌다. 헬스클럽에 은퇴한 사람이 그렇게 많을 줄은 상상도 못 했다. 게다가 연장자일수록 체력이 더 좋다는 사실에 그저 놀라울 따름이었다.

가끔 수영장에 가봐도 근육이 그대로 드러날 만큼 체지방이 적은 60대들이 쉬지 않고 레인을 오간다. 이와 대조적으로 4,50대는 비장감에 넘치는 표정을 하고서 지방이 잔뜩 쌓인 몸을 힘겹게 움직인다.

사람이 자신의 신체를 단련하는 것은 '걷지 못하게 된다', '움직일 수 없게 된다' 등의 공포감이 작용하기 때문이 아닐까?

신체가 노쇠하면 걷지 못하게 되고, 언젠가는 자리에 누워 지내야 하는 신세가 된다. 이런 까닭에 연령이 높아질수록 더욱 진지하게 운동을 하는 것이다. 이처럼 신체의 변화는 확연하게 드러나기 때문에 노화를 막기 위해 애쓰는 사람이 많다.

하지만 뇌는 노화 정도가 쉽게 드러나지 않는다. 이미 자신도 모르는 사이에 두뇌 회전이 느려지거나 노화되고 있을지 모른다.

나는 회사에서 업태(영업이나 사업의 실태) 개혁 등을 위한 연수나 트레이닝 업무를 맡고 있는데, 이 일을 통해 피부로 직접 느끼게 되었다.

바로 새로운 일을 시작할 때, '정말 그 일을 좋아해서'라는 이유가 아니면 그 일을 '하지 않으면 살아갈 수 없는', '생존할 수 없는' 상황에 놓여야만 비로소 한다는 사실이다.

우리의 뇌는 원래부터 절전 모드로 만들어졌다. 그래서 불필요하다고 판단되는 기능은 곧바로 폐기하고, 굳이 힘들게 새로운 일에 도전하려고 하지 않는다. 그 결과 자신이 모르는 사이 노화가 진행되는 사태를 맞이하고 마는 것이다.

사람이라는 하드웨어를 움직이려면 뇌가 활발하게 가동해야 한다. 그리고 절전 모드의 뇌 성능을 의식적으로 높이고자 항상 노력해야 한다. 이를 위한 가장 좋은 수단이 바로 '메모'이다.

❸ 정보 과잉

'사람은 공복에 견뎌내도록 진화되어 왔다.'는 말을 들은 적이 있다. 사람은 오랫동안 가장 적은 에너지를 사용해 가장 효율적으로 활동하기 위해 진화해왔다.

인류가 지구 상에 나타난 이래 충분한 에너지를 얻을 수 있게 된 것은 극히 최근의 일이다.

오랜 세월 적은 에너지를 효율적으로 활용하도록 진화해왔기 때문에 사람의 몸은 지금도 여전히 최소의 에너지를 소비(에너지 절약)하도록 입력되어 있다.

뇌도 마찬가지이다. 뇌 또한 되도록 에너지 소비를 줄이려고 하기 때문에 결과적으로 에너지를 낭비하는 활동이라고 판단하면 더는 기억 장치에 담아두지 않는다.

컴퓨터, 휴대 전화, TV 등 현대 사회에는 누구나 쉽게 손에 넣을 수 있는 정보 매체가 산더미처럼 있다. 하지만 우리가 인터넷이나 TV를 통해 얻는 정보가 과연 진정한 '정보'일까?

우리는 컴퓨터나 인터넷 등을 통해 입수한 정보를 모두가 사실인 양 착각하거나 또는 그 내용을 마치 자신이 직접 체험한 정보처럼 받아들이기 쉽다.

정보를 발신하는 쪽도 더욱 많은 사람이 호응할 만한 '정보'를 만들려고 한다. 이렇게 해서 사람들은 점점 자극적이고 사실적인 정보를 요구하게 되는 악순환에 빠지고 만다.

그렇다면 사람들은 왜 '자신이 경험한 듯한 정보'를 원하는 것일까?

해답 ⇒ 뇌를 움직여 상상할 필요가 없기 때문이다.

보충 설명 ⇒ 뇌는 기본적으로 에너지 절약 상태이다.

현대 정보화 사회에는 자신이 경험한 듯 느껴지는, 이른바 '만들어진 정보'가 곳곳에서 발신되고 있다. 이런 '정보 과잉'의 늪에서 벗어나려면 자신이 직접 체험한 정보만 받아들여야 하는 것일까?

누구나 쉽게 손에 넣을 수 있는 정보는 정보라고 할 수 없다.

옛날 어느 유명한 극작가는 '소년들이여, 책을 버리고 거리로 나오라!'고 외쳤다. 이 말을 현대식으로 바꾸면 '비즈니스맨이여, WEB을 끊고 시장으로 나가라!' 정도가 되지 않을까?

인터넷에서 찾아낸 뉴스도 가능하다면 현장을 찾아가서 자신의 눈으로 직접 확인하는 것이 바람직하다. 보고 들은 내용의 정경과 상황을 자신의 감성을 통해 직접 얻은 것이 비로소 제대로 된 정보가 될 수 있다.

그렇다고 모든 정보를 현장에 직접 가서 확인할 수는 없다. 하지만 정보를 자신의 것으로 만들기 위해 그 정보에 관해 나름의 생각이나 느낌을 메모하는 수고 정도는 누구나 할 수 있지 않은가!

TV를 보면서 메모를 해보라.

그리고 이때 자신의 느낌도 함께 메모해둔다.

생생한 정보를 누구나 쉽게 손에 넣을 수 있는 현대 사회에서 무엇보다 중요한 것은, 그 정보를 접한 순간 자신의 '느낌'과 '생각'이다.

❹ 커뮤니케이션의 간략화

게임기가 소형화됨에 따라 아이들은 장소에 구애받지 않고 게임을 할 수 있게 되었다. 이제 아이들은 집 밖에 나와서도 친구와 함께 휴대용 게임기를 가지고 논다.

아이들은 아파트 등의 계단에 대여섯 명씩 쪼그리고 앉아 말없이 각자의 게임기에 빠져 있다. 다른 사람에게 피해를 주지도 않고, 큰 소리도 내지 않는다. 당연히 어른들에게 혼날 일도, 쫓겨날 일도 없다. 얼핏 사무실에 앉아 있는 어른들의 분위기와 그리 다르지 않아 보인다.

사람의 각자 타고난 능력은 외부 자극을 통해 발달한다.

회사와 집을 시계추처럼 오가며 하루하루를 보내는 직장인은 과연 얼마나 많은 자극을 받을까?

휴대 전화나 메일이 편리하고 빠른 것은 분명하다. 편지를 쓰기 위해 봉투와 우표를 준비해야 하는 수고를 덜 수 있는 것은 물론이고 전달 내용을 일일이 문서화할 필요도 없다. 이렇게 사람이 어떤 행동을 할 때 발생하는 스트레스는 나날이 감소하고 있다. 하지만 이런 편리함에 마냥 안주해도 좋을까?

'자신을 연마하려면 다른 사람과 직접 만나 이야기하고 메모하라.'고 충고하는 사람이 늘 곁에 있는 나조차 메일과 휴대 전화의 유혹에 빠질 때가 종종 있다.

감성과 감성의 접점이기도 한 사람들의 '교류'가 현대에 들어서면서는 깊이가 얕아졌을 뿐만 아니라 기회도 적어졌다.

어느 회사의 일화인데, 최근에는 옆 책상에서 일하는 사람에게 사소한 부탁을 할 때조차 메일을 이용한다고 한다. 그러고는 "메일 보냈으니까 확인해주세요."라는 말도 안 한다고 한다.

'○○ 좀 부탁합니다.'라는 사무적인 메일뿐이다.

메일을 이용하면 증거가 남기 때문에 자료만 보존하면 나중에 '확실히 말했다', '들은 적 없다' 같은 분쟁이 발생할 소지가 없다.

하지만 이는 기계나 다름없지 않은가! 같이 일하는 상대방에 대한 세심한 마음 씀씀이랄까, 배려 같은 인간의 따뜻함을 잊은 것은 아닐까? 이 또한 자신만 생각하는 이기주의가 사회에 팽배해진 원인 가운데 하나로 작용했을 것이다.

사람과 직접 만나 이야기하지 않아도 무엇이든 혼자 할 수 있게 된 지금이야말로 적극적으로 커뮤니케이션을 하고자 노력해야 한다. 사람은 결코 혼자 살아갈 수 없다.

누군가에게 뭔가를 부탁할 때 '○○ 좀 부탁합니다.'가 아니라 '바쁘신데 죄송하지만 부탁하겠습니다.'나 '매번 죄송합니다.' 같은 말을 앞에 붙이는 것만으로도 마음이 통하는 커뮤니케이션이 된다.

작은 말 한 마디에 그 사람의 인간성이 드러난다. 마음이 통하는 말을 덧붙이는 정도는 짧은 메일에서도 충분히 가능하다.

이 책이 당신의 마음을 전달하는 메모에 도움이 되었으면 좋겠다.

2 | 메모에 담긴 의미

❶ '적는' 행위의 의미

먼저 메모 이전에 '글자를 적는다'는 행위의 의미부터 이야기하겠다. 문자는 '후대의 자손까지 지혜를 계승하고 싶다.'는 바람에서 생겨났다고 한다.

사람이 진화함에 따라 뇌는 중심이 되는 뇌를 축으로 하여 새로운 뇌가 덧붙여지는 형태로 발전했다. 그래서 사람의 뇌는 동물보다 월등하게 크고 더 많은 정보를 저장할 수 있게 되었다. 사람은 문자를 사용하면서 더욱 복잡한 표현을 하게 되었고, 지금과 같은 고도의 문명을 쌓아올릴 수 있었다고 생각한다.

만약 인류가 문자를 발명하지 못했다면 어떻게 되었을까?

언어만 존재했다고 가정하면, 구전으로는 사실을 정확하게 전달하기 어려웠을 것이다(말 전달하기 게임을 떠올리면 이해하기 쉬울 것이다).

어떤 의미에서 생각하면 문자로 남긴 기록은 사람들이 만들어낸 외부의 뇌라고 할 수 있다. 더구나 이것은 기록한 사람이 세상을 떠나도 내용은 사라지지 않는다.

우리는 이렇게 선대가 남겨준 외부의 뇌(=문자)로 적힌 기록 덕분에 '0'에서부터가 아니라 선대가 이루어놓은 지점을 기점으로 더 전진할 수 있었다. 내용이 조금 거창해졌지만 문자는 '전달하는' 행위를 위한 도구임이 분명하다.

그러면 이 '도구'만 있으면 자신이 의도하는 바를 정확하게 다른 사람에게 전달할 수 있을까?

100명 가운데 자신의 생각을 상대방에게 말로 정확하게 전달할 수 있는 사람은 50명 정도에 불과할 것이다.

그리고 자신의 생각을 상대방에게 정확하게 이해시킬 수 있는 문장으로 요약해내는 사람은 100명 가운데 10명 정도에 불과하지 않을까(실제로는 그보다 훨씬 적을 수도 있다)?

기분이나 생각을 문자로 정확하게 변환하는 작업은 결코 쉽지 않다. 문자를 사용해서 뭔가를 상대방에게 전달하려면 높은 수준의 기술이 필요하다.

메모를 하기 시작한 지 20년. 메모를 하면 어떤 효과가 있는지 한마디로 요약하기란 매우 어렵다. 하지만 '메모를 한다(글자를 적는다)'는 것, 그리고 메모하기 전에 이루어지는 '생각을 문장화하는' 작업을 통해 사람이 어떻게 변하는지를 알려주고 싶어서 이 책을 쓰기 시작했다.

예전의 내 두뇌는 전혀 체계적이지 않았다. 그래서 더더욱 메모를 하는 의미와 그 효과를 재확인하게 되었다.

'문자'란 감정이나 생각을 전달하기 위한 수단이라는 사실을 잊어서는 안 된다. 즉, 자신뿐만 아니라 다른 사람에게 그 내용이 제대로 전달되지 않으면 의미가 없는 것이다.

❷ 뇌 기능의 저하를 막는다

흔히 말하는 '건망증'은 뇌의 정보 전달 기능이 쇠퇴하여 기억은 있지만 검색하는 능력이 저하되어 정보를 찾아내지 못하는 상태이다.

'그게', '저어', '기억이 안 나서⋯⋯', '그게 뭐였더라?'라는 말이 매일 반복된다면 정보 전달 기능이 저하되었다는 신호이다. 그것은 이른바 노화로 말미암은 것일 수도 있고, 혹은 스트레스에 따른 집중력 저하, 정신적인 어떤 이유로 발생한 문제일 수도 있다. 하지만 가장 큰 원인을 말하자면 뇌를 사용하지 않아서 그 기능이 저하된 것이다.

나이가 들면서 어느 정도 뇌의 기능이 저하되는 것은 어쩔 수 없는 일이지만, 의식적으로 '이것은 꼭 필요한 기능이다.'라고 생각하고 부지런히 단련하면 뇌 기능을 활성화시킬 수 있다. 불필요한 사실(기억)을 잊는 것은 나쁘지 않지만, 기능 자체를 퇴화시켜서는 안 된다.

메모를 하면 자신의 뇌가 어떤 상태인지 파악할 수 있다.

예를 들어 메모를 보고 '앗, 까맣게 잊고 있었네!'라고 생각했다면 자신의 정보 전달 기능이 저하되었다는 증거이다. '이게 무슨 메모지?'라며 기억조차 떠오르지 않으면 기억력뿐만 아니라 사물에 대한 흥미나 관심이 저하된 것을 뜻한다.

자신의 집중력이 저하되었음을 자각하지 못하면 큰 실수나 누락이 발생할 가능성이 커진다.

평소 메모하는 습관을 들여서 뇌의 회전 속도와 집중력 상태를 수시로 확인하라. 그리고 여러 번 반복해서 재입력해야 장기 기억으로 남는다.

❸ 기억에 남기는 것, 기록으로 남기는 것

사람은 '기억'과 '망각'을 거듭한다. 즉 사람은 망각의 동물이기 때문에 메모를 해야 한다.

참고로 기억의 종류에 대해 간단히 정리하겠다.

아래의 도표처럼 기억에는 '단기 기억', '중기 기억', '장기 기억' 이렇게 세 종류가 있으며, 정보의 중요도나 이해도에 따라 머릿속에 남는 시간이 달라진다.

기억의 종류

시각 청각

단기 기억   시각이나 청각을 통해 들어온 정보 가운데 1분 정도 기억하는 내용.
필요한 정보가 아니라고 판단했을 때 단기 기억에도 남지 않으면 그 정보는 단 1초 혹은 몇 초 만에 소멸된다.

중기 기억   단기 기억 가운데 흥미가 있거나 이해를 통해 해마에 일시적으로 기억되는 내용.

장기 기억 정보의 절반은 1시간 사이에 망각되지만, 해마에서 정보
를 기억하는 기간은 최대 1개월 정도이다.

중기 기억 가운데 여러 차례 반복해서 재입력된 내용은
'중요'하다고 판단되므로 뇌의 전두엽으로 옮겨져 장기
기억으로 보존된다.

그렇다면 '왜 불필요한 내용은 기억나는데 정작 중요한 사항은 기억
이 나지 않는가?'라는 의문이 생길 것이다.

해마의 작용은 그 주체인 사람이 지향하는 바에 좌우된다.

그렇다면 기억하고 싶은 내용에 맞추어 기본적인 메모 형태를 몇 가
지 만들어두면 어떨까?

업무적인 약속 시간은 비즈니스맨이 반드시 기록해야 하는 사항이
다. 하지만 이 책에서 목표하는 메모는 단순히 일정 관리를 위해, 혹은
잊어서는 안 되는 내용을 있는 그대로 '기록'하는 것이 아니다. 그때그
때 떠오르는 여러 '기억'을 필요에 맞게 언제든 불러올 수 있도록 우뇌
와 좌뇌를 활용하여 정리하는 메모법이다.

예를 들면 명함에 상대방과 만난 장소, 명함을 받은 날짜, 소개한 사
람의 이름 등 일반적인 사항만 메모해두어도, 나중에 그 명함만 보고
도 상대방을 쉽게 떠올릴 수 있다.

이것이 기록(메모)에는 있지만 기억에는 없는 내용이다. '기록'과

'기억' 사이에 존재하는 벽이 바로 이것이다.

그렇다면 어떻게 해야 할까?

명함을 교환했다면 '누구의 소개로', '어디에서 만났는지'(=좌뇌 영역의 메모)를 기록하는 동시에 나중에 명함을 보고 '어떤 사람이었는지' 알 수 있도록 그 사람의 이미지나 인상을 떠올릴 수 있는 기록(=우뇌 영역의 메모)을 덧붙인다.

구체적으로 설명하면,

먼저 명함 앞면에 그 사람과 만난 날짜와 장소, 소개한 사람의 이름 등을 기입한다.

그리고 명함 뒷면에 그 사람과 닮은 연예인 이름이나 그 사람에 대한 인상, 그 자리에서 나온 화제 등 여러 정보를 적어두면, 나중에 이 메모(기록)만 보고도 기억을 재현할 수 있다.

다음에 그 사람을 만나기 전에 기억을 재생하면 "지난번에 말씀하셨던 ○○○는 어떻게 되었습니까?"라는 말로 대화를 시작할 수 있다.

이런 식으로 연계성 있는 커뮤니케이션이 이루어지면 인간관계를 더욱 수월하게 발전시킬 수 있다.

메모해야 할 내용을 우뇌와 좌뇌 영역으로 적절하게 분류하면 메모해야 할 내용이 저절로 명확하게 드러난다.

의외로 재미있으므로 반드시 직접 한번 시도해보길 바란다.

대수롭지 않은 메모가 '그 사람'과 '그 시간'을 재생해준다. 또한 그 메모는 이후에 전개되는 상황을 180도로 바꾸어줄 것이다.

〈명함 겉면〉

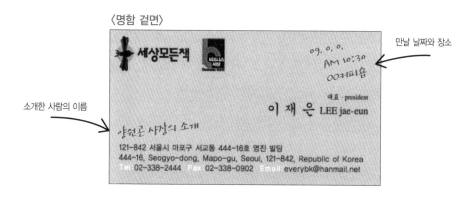

만날 날짜와 장소

소개한 사람의 이름

세상모든책

09. 0. 0.
AM 10:30
○○커피숍

대표 · president
이 재 은 LEE jae-eun

양천곤 사장의 소개

121-842 서울시 마포구 서교동 444-16호 영진 빌딩
444-16, Seogyo-dong, Mapo-gu, Seoul, 121-842, Republic of Korea
Tel 02-338-2444   Fax 02-338-0902   Email everybk@hanmail.net

중요도   〈명함 뒷면〉

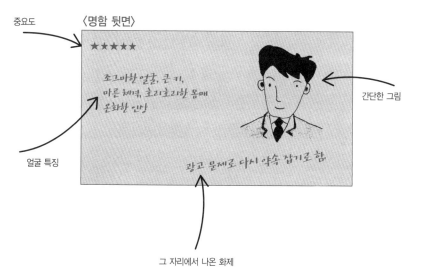

★★★★★

조그마한 얼굴, 큰 키,
마른 체격, 호리호리한 몸매
온화한 인상

간단한 그림

얼굴 특징

광고 문제로 다시 약속 잡기로 함

그 자리에서 나온 화제

35

우뇌와 좌뇌의 활동

1 | 뇌의 구조와 활동

뇌에서 사람의 감정, 심리 모두를 관장하는지 정확히 알 수 없다. 하지만 뇌의 작용을 정확하게 이해하고, 자신을 통제 · 조절하는 것은 바람직한 일이라고 할 수 있다.

도구도 그 구조나 작용을 알고 사용하는 경우와 그렇지 않은 경우의 결과는 엄청난 차이가 있다. 이는 '뇌의 활용'이라는 측면에서도 마찬가지이다.

이 책을 쓰기 시작하면서 내가 아는 뇌에 관련된 정보를 이론적으로 '뒷받침' 하기 위해 수많은 자료를 찾아보았다. 하지만 뇌에 관해서는 아직까지 밝혀지지 않은 부분이 많고, '최근 연구를 통해 밝혀진 내용으로' 라는 문구가 달린 자료도 많았다.

비록 뇌 과학자는 아니지만, 내가 학습하고 수집한 정보를 바탕으로 우리가 가진 멋진 도구인 뇌의 작용에 대해 간단히 설명하고자 한다.

사람의 뇌는 크게 대뇌, 소뇌, 간뇌로 나눌 수 있는데, 이 중에서 대뇌가 뇌 전체의 70~80퍼센트를 차지한다.

대뇌는 또 '우뇌' 와 '좌뇌' 라는 두 개의 반구로 나뉜다. 오른쪽과 왼쪽 뇌를 이어주는 것이 '뇌량' 이고, 사람의 기억 활동에 가장 크게 관여하는 것이 '해마' 라고 부르는 부분이다.

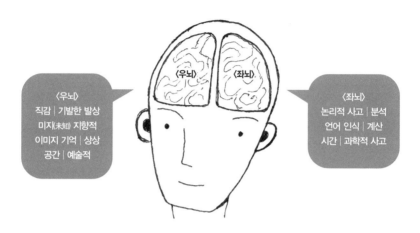

:: 우뇌

'감성의 뇌' 라고 부르는 부분으로 주로 공간 인지, 상상력과 직관에 따른 판단, 정서적인 표현, 그리고 음악 감상 등의 예술 분야에 대한 이해와 도형을 읽어내는 능력이 탁월하다.

:: 좌뇌

논리적인 사고, 계산과 언어 능력(이해, 말하기, 읽고 쓰기), 분석 능력이 탁월하다.

:: 뇌량

좌우의 뇌 사이에 위치하며, 양쪽 정보를 교환하는 연락 통로 역할을 한다.

:: 해마

기억(정보)의 일시적인 보관 장소이다. '컴퓨터의 메모리'나 '도서관 사서와 같은 역할을 한다'고 할 정도로 정보를 일시적으로 보존하거나 각 정보를 적당한 장소에 보관할 수 있도록 분류한다.

사람이 생각을 하고, 말하고, 기억할 수 있는 것은 모두 대뇌의 기능에 따른 것이다. 이는 사람을 비롯한 몇몇 고등 동물만 가진 능력이며, 그 성능은 하늘과 땅 차이다.

그러나 그 성능의 좋고 나쁨이 타고나는 것이라고 단정하지는 마라.

아무리 성능이 우수한 뇌를 타고나도 그것을 제대로 사용하지 않으면 아무 의미가 없다. 그것보다는 자신이 원하는 대로 뇌의 기능과 상태를 만들 수 있느냐가 중요하다.

뇌를 조절할 수 있는 전환 스위치만 있다면 필요할 때 쓸데없는 잡념을 끊어버리고 눈앞에 놓인 실무에 집중할 수 있는 '두뇌 환경'으로 만들 수 있다.

당신은 어떤 대뇌 전환 스위치를 가지고 있는가?

업무 시간에 '내일 데이트에 무슨 옷을 입을까…….' '퇴근하고 무엇을 먹을까…….' 등과 같은 사적인 생각에 잠기거나 개인적인 시간에 업무 내용을 떠올리며 우울해해서는 안 된다.

자신의 감정을 자유자재로 조절하려면 뇌의 스위치를 재빠르게 온(On), 오프(Off)로 변환해야 한다.

나는 이 전환 스위치로 '메모'를 활용한다.

그때그때 마음에 걸리는 내용을 얼른 메모해두고 그에 대한 걱정을 일단 접어두면, 뇌는 현재 하는 일에 집중할 수 있다. 물론 뇌가 제 기능을 100퍼센트 발휘할 수 있다.

이 책에서는 우뇌와 좌뇌의 기능을 의식하며 메모하는 활동에 중점을 둔다. 즉, 우뇌와 좌뇌를 각각 구분하여 메모하는 습관의 중요성을 강조한다.

예를 들면 '감성에 관련된 내용은 그림으로 나타내는 우뇌 메모로, 숫자나 논리적인 내용은 좌뇌 메모로' 하는 식으로 기록한다.

이것만으로도 메모의 효율이 오를 뿐만 아니라 우뇌와 좌뇌를 모두 단련할 수 있다.

언제, 어떤 상황에서든 자신이 원하는 뇌의 상태를 유지하려면 반드시 메모를 활용하기 바란다.

2 | 감성을 담당하는 우뇌

우뇌는 감성과 직감적인 판단을 담당하는 뇌이다.

그렇다면 감성이란 도대체 무엇일까?

'감성'이라는 말을 찾아보면, 대부분 '외부 자극에 반응하여 지각과 감각을 느끼는 감각 기관의 인식 능력'이라고 나와 있다.

무슨 말인지 이해가 될 듯하면서도 '그런데 그게 뭐지?'라며 고개를 갸우뚱하는 사람이 많을 것이다. 주변 사람들에게 "감성이란 무엇일까?"라고 물어보았더니 대부분이 자기 나름의 생각을 말하면서도 "그런데 정말 그게 뭘까?" 하고 되물었다.

감성이라는 말은 설명하면 할수록 학술적인 표현에 치우치게 되어 결국 위화감이 들고 만다. 그러므로 감성은 감각으로 받아들이는 수밖에 없다.

이런 까닭에 나는 이 '감성'이라는 능력을 '마음 주변에 존재하는 감각'이라고 정했다. 그렇다. 감성이란 마음의 감각이다.

마음이 유연한 사람은 감각이 섬세해서 미세한 진동에도 금세 반응하지만, 마음이 딱딱하게 굳은 사람은 감각이 무뎌져서 미세한 진동에는 미동도 하지 않는 상태가 된다. 섬세한 감각이 발달할수록 더 많은 것을 마음으로 느끼고 받아들일 수 있다. 당신이 가진 감성의 뇌로 마음의 감각을 느껴보길 바란다.

앞으로 사회는 더욱 다양화되고 이와 더불어 경제 구조도 더욱 복잡해질 것이다. 이처럼 다양화된 사회에 적응하며 살아가려면 작은 변화도 간과해서는 안 된다.

우뇌는 감성의 뇌이므로 좌뇌보다 정보 수집 능력이 뛰어나다. 우뇌에는 말로 설명하기 어려운 뭔가 특별한 능력이 있다.

현재 우리는 이 우뇌의 뛰어난 정보 수집 능력을 활용해 다양한 상황을 시각적으로 기록(메모)하고 여기에서 필요한 부분만 직감적으로 뽑아내는 센스가 필요하다.

기업은 항상 비즈니스맨에게 이전에는 존재하지 않았던 것, 새로운 상품이나 획기적인 서비스를 만들어내라고 요구한다. 그만큼 우뇌적인 감각이 중요시되고 있다.

이전에는 없었던 새로운 것을 만들어내려면 잠재적인 수요를 예측해야 한다. 좀 더 구체적으로 말하면, 수요 자체를 창출하는 능력을 키워야 하는 것이다. 이렇게 미래의 수요를 창조하려면 작은 변화도 빨리 감지하는 풍부한 감성이 필요하다.

비즈니스맨이여, 우뇌의 뛰어난 정보 수집 능력으로 메모하고 그중에서도 가장 중요한 내용을 잡아내는 직감을 길러라.

3 | 지성을 담당하는 좌뇌

'숫자에 강한 사람은 머리가 좋다.'

'수리적인 사람은 업무상 실수가 적다.'

나는 우뇌적인 사람이라서 수리적인 사람과는 두뇌 작용이 확연히 다르다고 느낄 때가 많다.

왜일까?

이는 비즈니스에서 숫자가 절대적이기 때문이다.

거래처에서 '10일까지'라고 말하면 그 기한을 철저하게 지켜야 한다(뭐, 납기 교섭이라는 것도 있기는 하다).

이미지적인 부분은 해석하기에 따라 내용이 조금씩 달라질 수도 있지만 숫자는 그렇지 않다. 절대적이다.

웬만해서는 숫자를 잘 잊어버리지 않는 수리적인 사람은 실수가 적다. 기간이나 숫자로 결정된 사항을 정확하게 처리하기 때문이다. 그래서 좌뇌적 성향이 강한 사람은 주위 사람들에게 인정받는다.

내 동료 중에도 숫자에 강한 수리적인 사람이 있다. 내가 어떤 질문을 하면 그는 항상 논리 정연하게 대답한다. 그의 설명은 군더더기 없이 깔끔해서 어떤 의문이든 명쾌하게 이해되었다.

나도 그를 본받아 숫자와 관련된 내용은 메모할 때도 최대한 깔끔하게 기입하고, 일의 흐름과 과정을 논리적으로 설명할 수 있도록 훈련했다. 그 결과 숫자적인 실수가 눈에 띄게 줄어들었다.

제4장에서 소개하는 5W2H와 같은 핵심 사항은 그때그때 반드시 메모하는 습관을 들여라. 구체적인 숫자는 꼭 메모하고, 논리적으로 정리하여 정확하게 출력(Output)할 수 있도록 훈련하라.

4 | 우뇌와 좌뇌를 활성화시키는 '하이쿠(俳句)'

광고 대행사에서 일할 때, 카피라이팅 기술을 익히려고 노력했던 적이 있다.

내 나름대로 열심히 고민하다가 나중에 전문 카피라이터에게 "어떻게 해야 카피를 쓸 수 있을까요?"라고 물어보았더니 "하이쿠(일본 특유의 단시(短詩)-역주)를 공부하면 많은 도움이 된답니다."라고 알려주었다. 5 · 7 · 5의 리듬으로 문자를 조합하는 작업이 카피를 쓸 때 도움이 된다는 것이다. 그날 이후 나는 하이쿠를 짓기 시작했다.

어느 하이쿠 모임에서 선생님이 "하이쿠란 관찰자(Observation)다."라는 말을 했다. 이 말은 감성적으로 사물을 관찰하고, 지성을 활용하여 내용을 정리해야 한다는 뜻이다.

하이쿠는 오랜 시간을 들여 만드는 것이 아니다. 현재의 상태를 전체적으로 살펴본 후 짧은 시간 안에 문자로 표현하는 것이다. 게다가 17자라는 한정된 문자 수에서 표현해야 한다는 조건이 붙는다. 제한된 시간과 문자 수 안에 품격 있는 명확한 표현을 담아야 한다.

하이쿠와 마찬가지로 메모도 머릿속에서 쉽게 떠올릴 수 있는 짧은 말로 적어야 한다. 제한된 시간 안에 우뇌(정보 수집 능력, 연상력)와 좌뇌(분석력, 계산)를 동시에 회전해야 한다. 하이쿠에 익숙해지면 메모도 잘하게 될 것이다.

여담이지만, '하이쿠' 라는 문화를 접하면서 완성된 하이쿠에는 그 글을 쓴 사람의 품성이 그대로 배어난다는 사실을 깨닫고 무척 놀랐다. 품성이 훌륭한 사람이 지은 하이쿠는 그 못지않게 멋지지만, 그렇지 못한 사람의 하이쿠는 그저 그런 경우가 많다. 하이쿠는 배우면 배울수록 그 깊이가 느껴지는 글이다.

나는 카피를 쓰기 위해 시작한 하이쿠를 통해 새로운 감성과 세계를 접할 수 있었다.

순간적으로 펼쳐지는 정경을 짧은 시구에 담아내려고 노력하는 사이, 당신의 감성 세계는 더욱 넓어지고 깊어질 것이다.

7가지 에피소드를 통해
배우는 메모

1. 성공을 쟁취하는 시계열 메모   2. 출세를 낚아채는 포켓 메모   3. 대화의 화제를 만드는 메모   4. 머릿속을 정리하는 메모   5. 사소한 실수를 없애는 메모   6. 자신의 마음을 재확인하는 메모   7. 업무 능력을 향상시키는 메모

1 | 성공을 쟁취하는 시계열 메모

내게 항상 많은 조언을 해주는 컨설턴트 A씨는 메모의 달인이다. 무엇보다 그의 메모는 양이 엄청나다. 한 가지 주제에 관련된 메모만 모아도 책 한 권은 족히 나올 분량이다.

그는 자신이 고안한 '시계열 메모'라는 방법으로 메모를 한다.

이름은 거창하지만 방법은 아주 간단하다.

어떤 주제에 관한 메모(A4 크기의 종이가 많다)를 시간의 흐름에 따라 하나씩 풀로 붙여나가는 방식이다(시간의 흐름대로 오래된 것이 아래에, 새로운 것이 위로 오도록 한다).

A씨는 이렇게 말한다.

"이 시계열 메모를 꾸준히 실천하는 사람, 혹은 이 메모의 의미를 제대로 이해하는 사람은 몇 명 없을 겁니다."

이 시계열 메모의 핵심은 메모를 읽을 때 항상 처음부터 다시 훑어가는 데 있다.

한 가지 주제에 관해 자신이 입수한 자료와 그 당시 느낀 점을 적은 글들이 마치 퇴적된 지층처럼 쌓여간다. 이것은 하나의 데이터 베이스가 될 뿐만 아니라 당시의 기분이나 상황, 그리고 기발한 발상 등이 재현, 재생될 수 있는 수단이 되기도 한다.

"10년 전에는 이렇게 느꼈지만 지금 생각하니 이러이러하군요."

이렇게 말한 그는 마치 득도한 승려처럼 보이기까지 했다.

또 그는 어린아이 같은 놀라움과 호기심이 가득한 눈빛으로 메모를 훑어보며 자신의 느낌을 이야기하기도 하고, 몇 년 전에 있었던 일을 마치 어제 일처럼 또렷하게 떠올린다. 그리고 뭔가가 떠오르면 곧바로 어떤 행동을 개시한다.

그는 이런 방식으로 몇 년이 걸리든 자신이 시작한 일은 끝내 실현시켰다. 그의 모습을 볼 때마다 나는 천재 레오나르도 다빈치가 연상된다.

레오나르도 다빈치도 항목별로 나누어 오랜 세월에 걸쳐 설명을 덧붙이고 자기 의견을 달면서 노트를 정리했다고 한다. 아무리 긴 시간이 걸려도 한 가지 주제를 꾸준히 추구했기 때문에 그를 천재라고 말하는 것은 아닐까?

지칠 줄 모르는 탐구심이 바로 성공에 이르는 열쇠이다.

2 | 출세를 낚아채는 포켓 메모

내게 영업이 무엇인지를 가르쳐준 N씨는 항상 절묘한 타이밍에 주머니에서 메모 수첩을 꺼낸다.

술집에서 편안하게 한잔하다가도 술집 주인이 "우리 가게 오픈 기념식 때 오셨지요?"라고 말하면 "언제였지?"라며 메모 수첩을 꺼낸다.

거래처 사람과 골프 약속을 잡을 때도 예외 없이 이 수첩을 꺼내 메모한다. 그리고 아무 일도 없었다는 듯 메모 수첩을 슬그머니 주머니에 다시 꽂아넣는다.

그가 프로라고 느껴지는 부분이 바로 여기에 있다.

상대방에게 거부감을 주지도 않고, '메모했다'는 티도 내지 않는다. 주머니에서 메모 수첩을 꺼내고 넣는 모습이 너무나 자연스러워서 전혀 어색한 느낌을 주지 않기 때문이다. 이를테면 좋은 정장을 멋지게 소화해내듯이 메모 수첩을 완벽하게 활용하는 것이다.

그는 어떤 큰일을 성공시켰는가 싶으면 곧 다른 회사에 스카우트되어 전보다 더 좋은 자리로 한 단계 올라가 있다. 만날 때마다 전보다 더 좋은 차를 타고, 더 좋은 양복을 입고, 더 좋은 술집으로 데려간다. 어떻게 매번 승승장구하며 출세 가도를 달리는지 항상 궁금했다.

그는 항상 당당하게, 그리고 즐기며 일한다. N씨는 지금도 예전과 다름없는 모습으로 메모를 한다. N씨에게 메모는 그가 뒤로 미끄러지거나 아래로 내려가지 않도록 막아주는 일종의 고정 장치 같은 것이다. 그는 철저하게 시간을 준수하고, 자신이 한 약속은 무슨 일이 있어도 지킨다. 그리고 자신이 맡은 일은 완벽하게 실행한다.

얼핏 탁월한 재능이 없는 듯 보이는 N씨가 성공을 거듭하는 것은 이러한 그의 확고한 생활 방식 때문일지도 모른다.

지난번에 만났을 때도 정말 멋진 초밥 집에 나를 데려갔다. 그곳에서도 그는 업무에 관련한 아이디어가 떠오르자 얼른 수첩을 꺼내 메모했다. 20년 전과 조금도 변함없는 모습이었다. 메모 습관이 그의 일부분으로 완전히 자리를 잡은 것이다. 이런 N씨의 모습이 왠지 존경스러웠다.

3 | 대화의 화제를 만드는 메모

지금으로부터 10년 전 어느 날의 일을 당신은 생생하게 기억해낼 수 있는가?

내 친구 K씨는 놀라운 기억력의 소유자이다. 10년 만에 다시 만난 상대방에게 10년 전 그날의 일을 마치 어제 일처럼 이야기한다.

"그러고 보니 10년 전 그날은 눈이 내렸죠. ○○ 씨가 지금 일을 선택한 이유가 ○○라고 말해주더군요."라며 상대방을 타임머신에 태워 10년 전의 그날, 그 장소로 데리고 간다.

상대방은 "아아, 그랬지요…….", "그땐 저도 혈기 왕성했는데, 그립네요."라고 대답하며 대화는 더욱 무르익는다.

대화의 흐름에서 10년 전, 5년 전, 지난달, 그리고 조금 전에 이야기한 내용을 그때그때 적절하게 끄집어낸다.

언젠가 그에게 한번 "어떻게 예전 일들을 그렇게 생생하게 기억할 수 있지?"라고 물어보았다.

그랬더니 그는 누군가를 만나고 돌아가는 지하철 안에서 그 사람과 나눈 대화 내용이나 그 자리에서 일어났던 일들을 빠짐없이 메모한다고 했다.

그리고 다음에 그 사람을 만나기 전에 당시의 메모를 다시 읽어보고 핵심적인 내용을 머릿속에 넣어두면 그 사람을 다시 만났을 때 당시 상황을 생생하게 떠올릴 수 있다고 했다.

'그렇게까지 할 필요가 있을까?' 라고 생각하는 사람도 많을 것이다. 하지만 영업 사원인 그의 말에 따르면 이는 일종의 '직업병' 이라고 한다.

또 이 방법은 '비즈니스에서도 효과 만점' 이라며 "메모를 하면 오히려 마음 놓고 잊을 수 있으니까 훨씬 홀가분하다네." 라고 덧붙였다.

영업할 때 지난번에 나누었던 이야기에 이어서 대화를 시작하면 훨씬 부드러운 분위기에서 상담을 진행할 수 있다.

바쁜 비즈니스맨에게 시간은 금이다. 그런데 누군가가 자신이 한 말을 기억해주면 시간과 에너지 절약이라는 면에서도 고마운 일이다. 그래서 그의 주변에는 항상 사람이 많다.

언젠가 술에 잔뜩 취한 상태에서도 그는 상대방이 화장실에 간 사이에 컵받침 뒷면에 뭔가를 적고 있었다. 그때 내가 뭐라고 말을 걸자 그는 "술에 취하면 잘 잊어버린단 말이야." 라며 아무 일도 없었다는 듯 메모한 종이를 주머니에 넣고는 다음에 부를 노래를 찾았다.

그 모습을 보며 '메모하는 습관이 몸에 완전히 밴 굉장한 사람이구나.' 하고 감탄했다.

4 | 머릿속을 정리하는 메모

같이 일을 하면 즐거운 사람과 그렇지 않은 사람이 있다.

전자는 다른 사람을 이용하지 않지만 후자는 반대로 자신을 위해 다른 사람을 이용한다. 여기에 해당하는 대표적인 두 사람을 예로 들어 비교해보겠다.

함께 일하고 싶은 마음이 들게 하는 C씨는 항상 나에게 중요한 사항을 일깨워준다. 그리고 메모하기 쉽도록 핵심적인 사항을 반복해서 알려준다. 또 대화하는 도중에 중요한 말이 나오면 "아, 그거 좋군요.", "바로 그겁니다."라며 그 말을 머릿속에 기억한다.

나도 중요한 문구들을 메모하면서 머릿속을 정리한다. 다음에 만났을 때도 이 핵심적인 사항을 바탕으로 대화를 진행한다. 이렇게 서로 자극을 주기 때문에 그와의 대화는 항상 즐겁다. 그래서 다시 만나고 싶어진다.

반대로 후자에 해당하는 O씨는 항상 내가 미처 하지 못한 일이나 서툰 부분을 지적하고, 다른 사람과 비교하면서 자신의 주장을 펴나간다. 그와는 일 때문에 어쩔 수 없이 만나야 하는 관계라 그가 말한 대로 실행하거나 조금씩 개선하려고 노력한다.

하지만 내가 말한 내용이나 아이디어를 비판해놓고 자신의 일에 내 아이디어를 그대로 이용하는 모습을 보았을 땐 정말 놀랐다. 그는 나와 나눈 대화 내용을 꼼꼼히 메모해 그대로 이용한 것이다. 이야기 중에 나온 아이디어와 힌트이므로 무작정 그를 비난할 수도 없는 노릇이다. 그 사건 후로 나는 O씨와 같은 유형의 사람과는 교류하지 않는다.

이 세상에는 다양한 사람이 존재한다. 당신 회사에도 이런 유형이 한 명쯤은 있을 수 있다. 만약 그렇다면 경계를 늦추지 마라.

이런 유형의 사람에게 대처하는 방법은 '감정을 소모하지 않는 것'이다. 다른 사람을 이용하는 사람에게는 지성으로 대처해야 한다.

같이 일하기 힘들다고 느껴지는 사람이 있다면 왜 그런지, 어떤 부분이 마음에 들지 않는지 적어보라. 그 원인을 찾게 될 것이다. 메모는 이렇듯 마음과 머리를 정리하는 데도 매우 유용하다.

5 | 사소한 실수를 없애는 메모

다른 사람의 이야기를 듣고 이해한 내용을 메모해서 어떻게든 자신의 것으로 만들려고 노력하는 사람이 있다. 이런 사람은 반드시 성장한다. 반면에 일도 그럭저럭하고 메모도 하지만, 기억력에 자신이 있어서 그런지 그 말이 나온 배경까지 살펴보지 않는 사람이 있다. 자기 능력을 인정받고자 하는 욕구가 강한 사람 중에 이런 유형이 많다.

전자의 대표적인 예로 비서 D씨의 이야기를 소개하겠다. D씨는 처음에는 메모를 하지 않았지만 상사가 메모를 하라고 여러 차례 충고하자 이를 받아들여 처음으로 자신의 수첩을 마련했다. 그 결과, 그는 눈부신 성장을 거듭했다.

예전의 D씨는 상사가 지시한 대로 실행하려고 최선을 다했지만 머릿속이 정리되지 않은 상태였기에 주먹구구식으로 일을 처리하기 일쑤였다. 결과적으로 업무를 처리하는 데 누락이나 실수가 잦았다.

하지만 수첩에 메모를 하면서부터 '자신의 생각', '자신의 업무 처리 방법'을 돌아보게 되었다. 이렇게 꾸준히 수첩을 사용하면서 사소한 실수가 사라졌고, 마침내는 업무를 통제하고 조절할 수 있게 되었다. 수첩을 다시 읽어보고, 다음 일정을 미리 점검함으로써 업무를 효율적으로 처리하는 능력이 생긴 것이다. 일이 정리되자 자연히 심리적으로도 안정되면서 소극적이었던 자신을 다른 사람 앞에 드러낼 수 있게 되었다.

D씨는 앞으로도 주위 여러 사람의 장점을 본받고, 다른 사람의 충고를 받아들이면서 계속 성장할 것이다.

반면에 어시스턴트인 E씨는 자존심이 세기 때문인지 다른 사람의 말이나 충고에 귀를 잘 기울이지 않는다. 다른 사람의 충고를 받아들이는 것은 곧 패배를 의미한다고 생각하는 듯했다.

그러던 어느 날, 글자가 로마자로 변환된 부분이 여러 군데 있는 메일을 고객에게 보내는 실수를 저지르고 말았다. 20년 이상 전문가로 일했다는 사실이 무색할 정도로 사소한 '업무 실수'였다.

그 일이 있고 얼마 후, 그녀는 회사를 그만두었다. 구체적인 내용을 밝힐 수는 없지만 그 후로도 비슷한 실수를 여러 차례 거듭한 듯하다.

메모 기술을 배우기 전에 해야 할 일은 다른 사람의 충고를 귀담아 듣는 일이다. 아무도 자신의 잘못을 지적하지 않는다면 그것은 사람들의 관심 밖으로 밀려났다고 생각하라. 안타깝게도 E씨는 이 사실을 미처 깨닫지 못했다.

누군가가 충고해줄 때가 바로 인생의 전성기라는 사실을 기억하라!

6 | 자신의 마음을 재확인하는 메모

자신을 바꿀 수 있는 사람은 어떤 상황에서도 살아남을 수 있다.

프로듀서인 F씨는 지금은 다양한 방송 매체와 이벤트 회사에서 일하지만 예전에는 광고 대행사에서 영업과 카피라이터 일을 했다. 일 처리 능력은 뛰어나지만 고집이 세서 늘 마음속에 딱딱한 덩어리를 하나 품고 있는 듯 보였다.

하지만 결혼을 하고 아이가 생기고 나서부터는 조금씩 유연한 사람으로 변하기 시작했다. '아이를 위해서……', '가족이 있으니까……'라며 자신의 주장만 밀어붙이려고 하지 않았다. 아이의 성장과 더불어 그도 성장한 것이었다. 아이가 성인으로 성장한 지금 그는 50세를 훌쩍 넘긴 나이가 되었지만 이전보다 훨씬 젊고 멋진 사람이 되었다.

어느 날 그에게 "예전에는 자기주장이 무척 강했는데, 이제는 많이 부드러워지셨어요."라고 말했다. 그러자 그는 "저는 아무것도 달라지지 않았답니다. 고집이 세서 뭔가를 쉽게 바꾸려 하지 않으니까 아마 크게 달라진 것은 없을 겁니다."라고 말하고는 이렇게 덧붙였다.

"하지만 상대방도 저와 마찬가지로 바꾸고 싶지 않은 부분이 있을 거라는 생각이 들었어요."

이는 고집스럽던 사람이 가족을 지키기 위해 자신을 억누르고 참아왔을 것이라는 내 예상을 뒤엎는 말이었다.

"아이와 함께 성장했을 수도 있겠죠. 아이와 함께 그림책을 만들고, 누군가의 생일을 축하하기 위해 편지를 쓰면서 처음으로 상대방을 진심으로 생각하는 마음을 담아 글을 쓰는 경험을 하게 되었답니다. 아마도 그것이 저에게 크게 작용한 것 같습니다."라고 그가 말했다.

그의 말을 들으면서 '글을 쓰는 행위는 그 순간 자신의 기분을 담아 두는 가장 쉬운 방법인 동시에 마음 깊숙이 자리 잡은 소중한 것을 이끌어내는 힘이 있는 것은 아닐까?' 하는 생각이 들었다.

그는 글을 쓰는 경험을 통해서 자신에게 소중한 것이 무엇인지 재확인하게 된 것이다. 그리고 그것을 지키기 위해 자신의 잘못된 부분들을 조금씩 바꿔갔다.

7 | 업무 능력을 향상시키는 메모

예전에 내가 자주 일을 의뢰했던 디자이너 G씨는 무슨 까닭에서인지 한 가지 일을 꾸준히 지속하지 못했다. 어떤 일이든 처음에는 열정적으로 매달리지만 일정한 시기가 되면(그의 경우에는 2~3년), 특별한 이유 없이 그 일을 그만두었다.

며칠 전에도 지금까지 업무 성과도 괜찮았고 어느 정도 노련함도 생긴 것 같아 일을 부탁하려고 했는데 느닷없이 메일로 'WEB 분야의 일은 이제 그만두었습니다.' 라는 일방적인 통보를 받았다. 그에게 무슨 일이 있었는지는 모르겠지만 왠지 씁쓸했다.

그는 여러 번 전직을 거듭했지만 생활은 항상 윤택했다. 값비싼 외제차를 몰고, 그의 수입으로는 감당하기 어려워 보이는 단독 주택에서 사는 등 어쨌든 좀 분에 넘치는 생활을 하는 듯 보였다. 어떤 삶을 살든 그 사람의 자유지만, 자신의 욕구만 우선하는 생활이 불안하지는 않을까?

개인적으로는 적어도 5년, 가능하다면 10년은 꾸준히 해야 해당 분야의 일을 웬만큼 처리할 실력을 갖출 수 있다고 생각한다.

아마추어는 싫증이 나면 곧바로 일을 그만두지만, 프로는 그렇지 않다. 자신의 능력을 높이 평가하는 고객에게 '일이 싫어져서 그만둔다.'는 말은 할 수 없는 것이다.

그에게는 '꾸준히 뭔가를 하겠다' 는 의지가 없었던 것 같다. 이제와 돌이켜보면 그는 자신이 적은 메모를 다시 읽어보는 일이 없었다. 아무 생각 없이 그저 메모를 적기만 했던 것이다. 그는 매사에 이런 식이었다.

이와 반대로 성실하게 한 가지 일을 지속하며 탄탄한 실력을 쌓아가는 I라는 사람이 있다.

I씨는 힘들 땐 한 박자 쉬어가는 여유로움도 갖췄다. 그래서 실수를 하더라도 곧바로 사과하고 "다음에는 이렇게 하겠습니다."라고 말한다. 그리고 자신이 약속한 대로 일을 처리해낸다.

I씨는 평소에는 검소하게 생활하지만 개인적인 목표를 설정해두고 그 목표를 달성하면 약간의 호사를 누렸다. 그러면서도 자기중심적으로 치우치는 일이 없고 한결같이 "지금보다 더 깔끔하게 일 처리를 하고 싶다."고 말한다.

I씨가 사용하는 수첩은 슈퍼마켓에서도 판매하는 평범한 것이다. 그는 "좀 더 좋은 수첩을 갖고 싶은데……."라고 말하지만, 빽빽하게 채워진 그의 수첩에서는 기분 좋은 익숙함이 배어나온다.

멋은 실력을 쌓고 나서 부려도 늦지 않다.

메모를 십분 활용하여 프로로서 진정한 실력으로 주목받도록 하라!

메모에는 이런 효과가 있다!

1 | 왜 메모가 필요한가?

메모를 하는 사람과 그렇지 않은 사람.

이 둘은 완전히 상반된 유형일 것이라 생각하지만 결코 그렇지 않다.

평소에 메모를 하지 않는 사람이라도 메모하지 않아서 큰 실수를 저지르는 경험을 하고 나서 기억의 한계를 깨닫고 메모를 시작하는 사례가 많기 때문이다. 하지만 이런 과정이 없어도 착실하게 메모하는 사람도 많다.

그렇다면 자신이 메모를 한다고 말한 사람은 스스로에게 다음의 질문을 해보기 바란다.

'착실하게 메모를 하는데도 사소한 실수나 누락이 많지는 않은가?'

'메모를 하고 있는데도 "메모 좀 하게!", "계획적으로 일을 처리하라."고 주의를 받은 적이 없는가?'

이상의 질문에 조금이라도 마음에 걸리는 부분이 있다면 다시 한 번 자신의 메모 방법을 검토해보라. 메모를 하고는 있지만 충분히 활용하지 못한다는 뜻이기 때문이다.

자신이 한 메모를 '다시 읽어보는 시간'은 무엇보다 중요하다. 그리고 메모를 다시 읽는 시간이 자신의 일상으로 완전히 자리 잡도록 해야 한다.

거듭 당부하지만, 이 '메모를 다시 읽는 습관' 이야말로 가장 중요한 메모 기술이라는 사실을 명심하기 바란다.

'거듭한다'

'반복한다'

초등학교에서 처음 글자를 배울 때 여러 번 공책에 적고, 구구단을 몇 번이고 암송했던 경험이 있을 것이다.

어떤 내용을 듣고 단 한 번에 기억하는 사람은 드물다.

'나는 꼼꼼하게 메모하니까 괜찮아!' 하며 안심해서는 안 된다. 어딘가 자신이 놓치는 부분이 있을 수 있다는 사실을 잊지 말고 항상 메모를 다시 읽는 습관을 들여라.

2 | 내가 메모를 하게 된 이유

메모를 하지 않는 사람.

부끄럽지만 사실 나도 예전에는 이런 유형의 한 사람이었다.

지금은 24시간 언제 어디서든 메모하는 것이 몸에 배고 환경이 마련되었지만 이렇게 되기까지는 20년이 걸렸다.

20대 시절의 나는 메모와 거리가 먼 사람이었다. 메모를 해야 한다는 생각조차 하지 않았다. 돌이켜보면 어떻게 그런 상태에서 일을 했을까 하는 생각이 든다.

그런 내가 과연 어떤 계기로 메모를 하게 되었을까?

지금도 그 일을 생각하면 식은땀부터 난다. 내 입으로 말하기는 쑥스럽지만, 나는 원래 일 처리 속도가 빠르고 일을 배우는 속도도 빨라서 다른 사람보다 업무를 빨리 처리했다. 상사와 고객들도 내 업무 처리 능력에 그럭저럭 만족했다.

그러는 사이 부하 직원이 생기고 전체적인 업무 흐름을 볼 수 있게 되면서 외부 업체에 주문을 넣거나 부하 직원에게 지시를 내리는 지위에 오르게 되었다. 그러던 즈음, 같은 날 같은 시간대에 두 명의 고객과 약속을 잡고 말았다.

그날은 어찌어찌 상대방에게 양해를 얻어 겨우 난처한 상황은 모면했지만, 평소 바쁘다는 핑계로 귀찮은 작업(메모하는 일)을 소홀히 한 대가를 톡톡히 치러야 했다.

'더는 지금처럼 일해서는 안 된다.'

이 일을 계기로 마침내 깨닫게 된 것이다.

메모를 하지 않는 유형 가운데는 다른 사람보다 업무 처리 능력이 뛰어나거나 기억력이 좋다고 자만하는 사람이 많지 않을까?

아직까지는 큰 실수를 저지르지 않았을 수도 있다. 하지만 아무리 두뇌가 우수하다고 해도 그 역시 사람이다. 사람의 두뇌는 자신의 의지와 상관없이 제멋대로 기억을 삭제하는 기능이 있다는 것을 잊지 말아야 한다.

자신이 우수하다고 자부하는 사람일수록 되돌릴 수 없는 실수를 하기 전에 지금 당장 메모하는 습관을 들이라고 충고하고 싶다.

메모를 하지 않아도 되는 사람은 엄청난 천재이거나 놀라운 기억력의 소유자 정도가 아닐까!

3 | 메모가 두뇌 회전을 빠르게 한다

사람은 자신의 생명을 유지하기 위해, 자연계에서 살아남기 위해 두뇌를 발달시켜 왔다.

약육강식의 세계에서 자신의 생명을 보호하려면, 사냥감을 잡을 수 있을 만큼 빨리 달리고 천적의 공격을 받지 않도록 재빨리 적의 움직임을 알아차려야 한다. 이런 상황에서 뇌는 최선의 대응 방법이 무엇인지 과거의 정보를 바탕으로 분석하여 행동으로 옮기도록 명령한다.

사냥감을 포획하기 위해, 그리고 천적으로부터 달아나기 위해서는 느긋하게 대응책을 고심할 시간이 없다. 한순간의 판단으로 자신의 생명이 좌우된다. 이런 식으로 뇌는 차츰 다양한 경험을 통해 정보 전달 능력과 정보 처리 속도를 높여왔다.

그렇다. 동물의 세계에서는 속도가 생명의 존속과 직결된다. 아니, 민첩하지 않고서는 살아남을 수 없다.

그렇다면 이제 약육강식의 정점에 우뚝 선, 생명의 위협을 받을 일이 없어진 현대인에게 민첩함은 불필요할까?

그렇지 않다. 민첩함은 여전히 우리에게 필수 항목이다.

마치 몇 년씩 훌쩍 뛰어넘는 드라마처럼 어지럽게 변화하는 현대 사회에서 '빠르게 두뇌를 회전해서 되도록 빨리 행동'하지 않으면 먹고 살 수 없다.

뇌는 재빨리 몸을 움직이도록(뭔가를 목표로 행동하도록) 정확한 명령을 내리기 위해 항상 정보의 파악, 전달 능력을 최대한으로 발휘해야 한다.

아무리 뇌가 경이적으로 발달한 사람이라도 한계가 있게 마련이다. 게다가 지금과 같은 정보화 사회에서 밀물처럼 쏟아져 들어오는 정보량은 뇌의 용량을 초과한다. 이를 위한 보조적 도구로써 외부의 뇌(=메모)가 필요하다. 게다가 손을 움직여 메모를 하면 뇌가 더욱 활성화되고 뇌의 기능이 향상된다.

메모하는 작업을 거치면서 정보가 정리되어 체계적으로 뇌에 입력되면 다음에 일어날 일을 예측해서 행동을 명령할 수 있다. 결과적으로 민첩하게 행동할 수 있게 되는 것이다.

4 | 메모는 커뮤니케이션 능력을 향상시킨다

다른 사람과 편안하게 대화를 이끌어가는 사람, 머리에 쏙쏙 들어오는 문장으로 글을 쓰는 사람이 있다. 하지만 대부분은 다른 사람에게 자신의 생각을 어떻게 전달해야 할지 고민한다.

사랑, 애정, 우정, 호감, 분노 등 다양한 자신의 감정과 기분을 자신 이외의 다른 사람에게 전달하기 위한 가장 보편적인 수단을 들자면, 예전엔 편지, 현재는 휴대 전화나 메일 정도가 아닐까?

다른 사람에게 자신의 생각을 말로 전달하기란 그리 쉬운 일이 아니다. 정형화된 말이나 글은 자신의 기분을 정확하게 전달할 수 없다. 이럴 때 '자신만의 말'이 필요하다.

언어는 숫자와 달리 무척 애매한 부분이 있다. 받아들이는 사람에 따라 전혀 다르게 느끼기 때문이다. 상대방의 말을 완전히 이해했다고 생각하지만, 혹은 상대방에게 내 생각을 제대로 전달했다고 생각하지만, 이 모든 것이 착각일 수 있다.

무엇보다 무서운 것은 두 사람이 서로 마주 보고 이야기를 했는데도

두 사람의 인식이 완전히 다를 수 있다는 점이다. 서로의 인식을 확인하기 위해서라도 상대방이 말한 내용을 메모해서 애매한 부분이나 의문점이 있으면 반드시 재확인해야 한다.

예를 들면 메모를 보면서 "죄송합니다만, 지금 말씀하신 ○○건 말인데요……."라고 되묻는 것은 크게 실례되지 않는다.

상대방이 한 말을 다시 반복하기 때문에 상대방은 자신의 말을 제대로 듣고 있다고 느끼며 안심한다. 단, 상대방의 말을 제멋대로 해석하면 실수를 범하게 된다. "자네, 도대체 뭘 들은 건가?"라며 꾸중을 들을 수도 있다.

사람의 얼굴을 쳐다보면서 메모하고, 이해하지 못한 부분은 상대방이 한 말을 다시 반복하면서 질문하는 것이 메모의 기본이다. 상대방이 한 말을 확인하는 과정은 오해의 소지를 없앨 뿐만 아니라 커뮤니케이션의 깊이를 더해준다.

5 | 메모로 '바보의 벽'을 뛰어넘는다

일본 막부 시절 말기에 활약했던 사카모토 료마는 일본의 근대화를 이끈 인물이다. 그런데 한 역사학자가 사카모토 료마에 대한 나의 인식을 완전히 뒤집는 새로운 사실을 알려주었다.

일반적으로 널리 알려졌듯이 료마에 대해 내가 품고 있던 이미지는 '천애고아로 공부는 잘하지 못했지만 검술이 뛰어났고, 울보에다 코흘리개 동자승'이었다. 하지만 실제로는 이와 정반대의 인물이었다고 한다. 이 사실을 확인하기 위해 시코쿠에 있는 사카모토 료마로 기념관에 문의해서 조사했다.

그곳에는 우리가 알던 이미지와는 전혀 다른 수재 사카모토 료마가 있었다. 무엇보다 그가 쓴 글에서는 그야말로 지성이 묻어났다. 그가 집필한 대포 만드는 방법에 대한 기술은 영어로 된 원본을 정확하게 번역한 것이라고 한다. 그는 상당한 영어 실력을 갖추었던 것이다. 이것만으로도 일반적으로 알려진 사카모토 료마에 대한 이미지가 와르르 무너진다.

하지만 '사카모토 료마는 검술은 뛰어났지만 학문과는 거리가 먼 조금은 멍청한 인물었다. 그럼에도 일본을 근대화로 이끄는 데 큰 공을 세웠다.'라는 만들어진 이미지를 '사실은 수재였다'로 정정하면 극적인 요소가 완전히 사라져버린다. 역시 천애고아로 태어나서 완벽하지 못한 사람이 한 단계씩 밟아 올라가며 성공했다는 이야기가 훨씬 감동적이다.

이제 다시 메모 기술에 관한 이야기로 돌아가겠다.

느낌만으로 어떤 대상을 대략 이해했다고 생각하는 사람과 사물의 진정한 본질을 알려는 사람. 이 둘의 차이는 무엇일까?

그것은 '자신이 무지하다.'는 자각과 '이 세상에는 내가 모르는 일로 가득하다.'는 감각, 그리고 '모르는 것을 배우려는' 자세이다.

'사실 나는 바보다.'라는 '겸허'한 마음을 가진 사람만이 뭔가를 배울 수 있다.

'바보의 벽'이라는 말이 있다. 어느 유명한 학자가 한 말이다.

메모로 이 '바보의 벽'을 뛰어넘을 수 있다. 메모를 함으로써 '깨달음'을 얻으면 바보도 수재가 될 수 있다. 다만, 메모는 누구나 할 수 있지만 도중에 그만두면 '바보의 벽'은 여전히 넘을 수 없게 된다.

'바보의 벽'을 뛰어넘고 싶은 사람은 오늘부터 메모를 시작하라!

6 | 메모로 진정한 자신의 모습을 본다

입사한 지 채 1년도 안 되어 회사를 그만두는 사람이 많다. 아마 사회에 나오기 전까지 대인 관계 경험을 충분히 쌓지 못한 것이 그 원인 가운데 하나가 아닐까 생각한다. 사회를 연극 무대에 비유하자면, 그런 이들은 무대의 중앙에 나오지도 못하고 무대 끝부분에서 멈춘 꼴이라고 할 수 있다.

예전에 잡지를 창간하는 업무를 담당했을 때의 이야기이다.

당시 편집자, 사진 기자, 작가, 스타일리스트, 소설가 지망생, 책을 좋아하는 직장 여성, 학생, 대학원생 등 실로 많은 사람을 만났다. 그중에 만화가 지망생도 한 사람 있었다. 그는 꿈이 만화가이면서도 만화를 전혀 그리지 않았다. '구상 중' 혹은 '줄거리를 짜고 있다' 며 1년이고 2년이고 시간을 보냈다.

어느 날, 그와 만화 이야기를 하다가 "그림은 어디에서 그리나?"라고 묻자 "아니, 아직……."이라고 대답하기에 "그렇다면 만화가 지망생이라고 할 수 없지 않나!"라고 말했더니 놀란 토끼 눈이 되어서 나를 쳐다보았다.

그리고 여전히 놀란 토끼 눈을 한 채 얼굴을 다른 쪽으로 돌리더니 갑자기 화제를 돌렸다. 이번에는 내가 더 놀라서 "지금 갑자기 무슨 이야기를 하는 거지?"라고 묻지도 못하고 그 후로는 그의 이야기(어떤 이야기였는지는 기억나지 않지만……)를 잠자코 듣고만 있었다.

그뿐이 아니다. '자기 자신을 보지 못하는 사람', '한 걸음도 앞으로 나아가지 못하는 사람'을 많이 보았다.

현재 자신의 진정한 힘과 실상을 알려면 '생각이나 발상, 계획을 손으로 적어봐야 한다.'는 것이 내 지론이다. '벌거벗은 임금'이 되지 않는 비결은 객관적으로 자신을 바라보는 것이다.

실력이 있는 임금이 으스댄다면 수긍은 간다. 하지만 실력도, 매력도 없는 젊은 왕이 자신이 알몸이라는 사실을 깨닫지 못한다면 그것은 해학이 아니라 비극에 가깝지 않을까?

실제로는 전혀 매력 없는 남자가 '난 멋있어서 여성들에게 인기가 많다.'고 착각하는 것도 알몸인 자기 자신을 보지 못하기 때문이다.

사회에서 처음 일을 시작할 때는 모든 면에서 미숙하고 서툰 점이 많아, 이를 극복하는 데는 용기가 필요하다. 하지만 이것을 어떻게 극복해야 할까? 이를 위해 무엇이 필요할까?

자신의 생각을 문자화하는 방법을 권한다.

하얀 종이를 사회라고 가정하고 먼저 자신에 대해(생각이나 마음) 떠오르는 대로 적어보라.

자신의 생각을 문자화하는 방법

오늘 하루 동안 세상에서 일어난 일

문득 떠오른 아이디어

생각나는 일

오늘 하루 동안 자신에게 일어난 일

마음에 남겨진 심상

신경 쓰이는 사항

무엇이든 좋으니까 한 줄이든 두 줄이든 적는 습관을 들인다. 적을 내용이 없다면 신문의 머리기사 제목이라도 적어라. 그날의 기분, 먹은 음식, 복장, 흥얼거린 노래 등도 상관없다.

자신을 객관화하여 볼 수 있다

여기에 적힌 메모는 그 사람이 가진 지성의 힘을 그대로 드러낸다. 그야말로 '자신을 폭로' 하는 글인 셈이다.

메모 수첩에 적힌 내용은 자신의 지성의 실체라고도 할 수 있다. 자신이 어떤 사람이고, 무엇이 필요한지를 아는 데서 모든 것은 시작된다. 자신의 실체가 '이 정도밖에 안 되었나!' 라고 느꼈다면 지금부터 노력하면 된다.

자신을 아는 것은 원만한 대인 관계를 맺는 훈련이기도 하다.

주제에서 조금 벗어나지만 나는 인재 트레이닝을 할 때 사람의 성격에 핵심을 두고 진행한다. 성격이 그 사람의 행동과 깊은 관계가 있기 때문이다.

자신의 행동과 마음의 상태를 '성격 경향' 이라는 시점에서 파악하는 검사 'COP Personal 분석' 이라는 프로그램이 있다. 이 결과를 모든 업무를 진행하는 데 기본 바탕으로 삼는다. 이 검사는 성격을 수치로 나타낼 수 있으므로 자신을 파악하는 효과적인 수단 가운데 하나라고 믿는다.

7 | 메모로 행운을 부른다

좋은 일이 계속되는 때가 있는가 하면 나쁜 일이 꼬리를 물고 이어질 때도 있다. 나는 양쪽 상황을 모두 충분히 경험했다. 하지만 여전히 문득문득 느닷없이 나쁜 일이 생기지는 않을까, 행운을 눈앞에서 놓치게 되지는 않을까 하는 불안에 사로잡히기도 한다.

왜 이런 생각이 드는지 과거 경험을 되짚어보았다. 그 결과, 깜빡하고 메모를 하지 않았거나 중요한 사항을 잊어버렸을 때는 모든 일이 나쁜 쪽으로 흘러가고, 꼼꼼히 메모를 해서 일이 순조롭게 진행될 때는 결과적으로 모든 일이 좋은 방향으로 진행될 때가 많았다.

메모가 바로 행운과 불운을 나누는 최초의 분기점이 아닐까?

좋은 일이 연속되는 사람은 결코 중요한 내용을 잊지 않는다. 아니, 잊지 않으려고 노력한다.

가장 중요한 일을 맨 앞에 둔다. 우선순위를 정확하게 파악하고 있기 때문이다. 그리고 항상 자신의 꿈을 잊지 않고 간직하며 그것을 이루고자 지속적으로 노력한다.

반대로 자꾸 나쁜 일이 생기는 사람을 옆에서 지켜보면 중요한 일을 쉽게 잊어버리는 경향이 강하다. 우선순위가 제대로 결정되지 않아서 지금 당장 해야 할 일을 나중으로 미루는 일이 잦다.

다른 사람이 주의를 주고 여러 번 잔소리를 하고 꾸중을 해야 겨우 그 일을 시작한다. 이런 일이 매일 반복되면서 어느덧 자신의 꿈이나 희망은 일상적인 업무에 떠밀려 점점 멀어지는 사실조차 깨닫지 못한다.

자신의 인생을 좋은 방향으로 이끌려고 할 때나, 여유를 가지고 일을 추진하려 할 때에 가장 중요한 것이 바로 '깨달음'이다. '깨달음'을 얻고 싶다면 '깨달음'을 얻을 수 있는 체계를 만들면 된다.

자신의 평소 생각과 느낌, 중요하게 여기는 것 등을 메모해두는 것이다. 메모하는 방법을 잘 모르겠다면 처음에는 업무 내용, 가정에 관한 것, 미래에 관한 것 등 무엇이든 생각나는 대로 적으면 된다.

매일 이렇게 일기처럼 쓰는 행위를 통해 자신의 일상에 하나둘 표식을 해나간다. 나중에 그 글들을 읽어보면 당시의 감정이 생생하게 되살아날 테고, 자신이 깨달았던 부분을 잊지 않게 된다. 이렇게 하면 조금씩 자신의 목표에 가까이 다가갈 수 있다.

물론 예상하지 못한 불운이나 사람의 힘으로는 어쩔 수 없는 재난이 닥칠 가능성도 있다. 하지만 평소 자신이 '보지 못한', '알아차리지 못한' 일들이 원인으로 작용하는 재난들은 얼마든지 미리 막을 수 있다. 그뿐만 아니라 전체적인 상황이 보이기 시작하면 사태를 개선하는 방법도 저절로 깨닫게 되면서 좋은 방향으로 전환할 수 있다. 메모할 여유조차 없을 만큼 지쳤을 때는 중심을 잃게 되어 만사가 나쁜 방향으로 흘러가고 만다. 하지만 언제 어디서나 메모하는 습관이 몸에 배면 메모를 훑는 것만으로도 내가 지금 어떤 상태인지 깨달을 수 있다.

나의 체험 사례 ❶ 월급의 3분의 1을 쏟아부은 수첩

자신이 원하는 것은 반드시 손에 넣는 사람이 있다.

자신이 보고 싶은 TV 프로그램, 마음에 드는 브랜드의 세일 기간, 유명 호텔의 기간 한정 런치 뷔페, 파격 세일, 해외여행 티켓……. 이런 것들을 얻기 위해 수첩에 필요한 정보를 적어두고 일정 조정부터 그일을 하는 데 필요한 비용과 그 외의 다른 준비를 특정 날짜까지 완벽하게 갖춘다.

TV 프로그램은 만일의 사태에 대비해 예약 녹화를 한다. 이렇게 노력한 결과 그는 자신이 원하는 것은 반드시 손에 넣는 집념의 사나이가 되었다.

메모의 중요성을 인식하고 더욱 치밀하게 메모하면 결과적으로 하루하루를 즐겁고 활기차게 보낼 수 있다. 또한 실수나 누락을 줄이기 위해 꼼꼼히 작성한 메모는 앞날을 예측하고 계획하여 대비하는 데에도 효과적으로 활용할 수 있다. 더불어 다른 사람들의 신뢰까지 덤으로 얻을 수 있다.

하지만 나 또한 젊은 시절에는 이 사실을 미처 알지 못했다. 다른 일에 쫓기다가 상대방의 재촉을 받고서야 마감 날짜를 기억하기도 하고,

심지어 다음 날의 일정도 충분히 파악하지 못할 때가 있었다. 일과 시간에 쫓겨 어떻게 계획을 세워야 할지도 모르는 상태였던 것이다.

머리도 마음도 온통 뒤죽박죽이던 당시, 회의 시간에 메모도 하지 않고 이야기를 듣고 있던 나를 어이없는 표정으로 쳐다보며 어떤 사람이 말했다.

"메모 정도는 하는 편이 좋지 않을까요?"

살짝 화가 치밀었다. 내 능력을 어느 정도 인정받기 시작할 무렵이었기 때문이다. 하지만 냉정하게 다시 생각해보니 그 사람의 말이 옳았다. 내 실수로 말미암아 업무적으로 상대방에게 피해를 주는 일은 없어야 한다.

그날 저녁, 나는 수첩을 사려고 시부야에 있는 어느 백화점을 찾았다. 그곳에서 당시 36만 원이나 하는 수첩을 샀다. '이 정도면 돈이 아까워서라도 도중에 그만두지 않겠지.' 라는 생각에서 월급의 3분의 1을 쏟아부은 것이다.

그로부터 벌써 30년. 이제 이 수첩은 나를 원하는 미래로 이끌어주는 지침서가 되었다. 수첩을 펼쳐볼 때마다 '이렇게 해야지.' 하고 다짐하며 메모했던 당시의 마음가짐을 떠올리면서 지금 내가 무엇을 어떻게 해야 할지를 깨닫게 된다.

매일 수첩을 체크하다가 어느 순간 '오늘은 여기부터 시작하면 되겠군!' 이라고 말할 수 있을 만큼 일정한 규칙이 나타나면 당신도 일과 생활에서도 새로운 즐거움을 발견할 수 있을 것이다.

　내가 소중하게 간직하고 있는 수첩 한 권이 있다. 온 가족이 힘을 모아 어머니를 간병했을 때를 기록한 것이다.

　이 수첩에는 어머니의 그날그날 상태와 약을 복용한 시간, 식사나 링거를 맞을 때 주의해야 할 사항 등이 적혀 있다. 교대로 간병을 하는 가족 모두가 정보를 공유하기 위해 적기 시작한 글이다. 그 다음에 간병할 사람이 어떤 부분에 주의를 하고 어떻게 대처해야 할지 알기 쉽게 설명되어 있다.

　하루는 어머니가 몸을 뒤척일 수 없게 되면서 어깨와 허리의 통증을 호소해 간호사에게 습포제를 부탁했다. 하지만 아무리 기다려도 그 간호사는 습포제를 가지고 오지 않았다. 이런 내용이 수첩에 적혀 있어서 내가 간병을 할 때 습포제를 구해놓았다.

　하지만 이때 마침 어머니가 잠이 드셔서 다음 차례에 간병을 할 누나에게 '어머니가 일어나시면 붙여드리세요.'라고 수첩에 적어두고 병원을 나왔다.

　나중에 누나에게 내가 구해온 약을 붙여드렸더니 어머니가 무척 좋아하셨다는 이야기를 전해 듣고 기분이 좋았던 기억이 아직도 생생하다.

　우리의 정성 어린 간병에도 어머니는 결국 돌아가셨지만, 그래도 이 수첩을 통해 어머니를 향한 가족 사랑을 다시 확인할 수 있었다.

　어머니가 입원하던 병원의 간호사는 모두 친절했다. 하지만 그중에는 의사의 지시를 깜빡하거나 환자의 요구 사항을 잊어버리고도 입으로만 "죄송합니다, 죄송합니다."를 반복할 뿐 개선하려는 노력이 전혀 보이지 않는 사람도 몇몇 있었다.

병원 업무가 바쁘고 업무량이 무척 많다는 사실도 잘 안다. 하지만 그 직업에 인생을 걸었다면 "할 수 없지요. 이 병원에는 인력이 부족해서 말입니다."라는 말로 모든 실수를 덮으려 하면 안 된다. 변명을 하기보다는 주무시는 어머니를 깨워 몇 번이고 같은 질문을 하거나 혈압계 등 필요한 기구를 빠뜨리고 와서 간호사실을 여러 번 왔다 갔다 하는 등의 비효율적인 부분을 줄이기 위해 노력해야 한다.

마음에 여유가 없는 사람은 침착하지 못하며, 자신의 잘못을 조직과 환경, 다른 사람의 탓으로 돌린다.

현재 우리 사회에서 발생하는 여러 문제는 잘못된 상황을 스스로 바로잡으려고 애쓰기보다 모든 잘못을 남의 탓으로만 돌리려는 '피해 의식'에 사로잡힌 조직과 그 안에 속한 사람들이 일으킨 것은 아닐까?

사회 구성원 대부분이 자신을 피해자라고 생각할 뿐 아무것도 개선하려고 않는다. 이런 사고 형태에서는 발전을 기대할 수 없다.

'이건 이러해서, 저건 저래서'라며 변명하기 전에 먼저 메모하라. 이 정도는 누구든지 할 수 있다. 이 습관이 행운을 부르는 가장 간단한 방법이다.

8 | 메모로 망상을 현실로 바꾼다

　망상에는 '제 맘대로 형', '기자 회견형', '복수형', '과거의 기로형'의 네 가지 유형이 있다고 한다. 각 유형의 이름만 보고도 내용을 대충 짐작할 수 있을 것이다.

　미래의 일을 상상하거나 과거의 사건에 대해 '이렇게 했어야 했는데.' 하며 진지하게 다시 생각하는 등의 '망상'은 얼핏 부질없는 행위처럼 보이지만 사실 잘 활용하면 '긍정적으로 살아가는 힘'이 된다.

　'전에는 이렇게 했으니까 이번에는 이렇게 해야지.' 하며 뇌리에 떠오른 인상을 '교훈'으로 삼아라. 이 교훈이 머릿속에 확실하게 남으면 (메모해두면), 같은 실수를 하지 않게 된다. 따라서 단순히 머릿속에서 망상을 펼치는 데 그치지 말고 노트에 적어보라.

　문장화하는 과정을 거치면 쓸데없는 망상이 현실화되기 시작한다.

　다시 말하면, 메모는 망상을 '자신이 꿈꾸는 미래'를 실현시킬 하나의 수단으로 활용할 수 있다는 뜻이다.

9 | 메모로 비즈니스 사회에서 살아남는다

사회는 변화한다. 오늘 당연한 일, 이번 달 최신판이 모두 다음 달에는 '그런 게 있었던가?' 하고 기억이 희미해질 만큼 진부해진다.

시대는 급속하게 변화를 거듭하고 있다. 지금 자신의 주변에서 일어나는 변화를 세밀하게 적고, 정리해보라. 비즈니스 세계에서 현명하게 살아남을 수 있는 힌트를 여기에서 찾을 수도 있다.

처음부터 너무 어렵게 생각하지 말고 우선은 '종이에 글자를 적는 습관을 들인다.'는 생각으로 시작하라.

먼저 주머니에 들어갈 만한 크기의 메모 수첩 하나를 구입한다. 꾸준히 지속하는 것이 중요하므로 처음에는 '종이에 글자를 적는 습관'을 익힌다는 생각으로 시작한다.

유연한 머리로 새로운 시대의 사고방식, 그리고 구조와 환경을 이해하고 분석하여 일에 활용하는 사람이 현명한 비즈니스맨이다.

10 | 메모로 청취 능력을 향상시킨다

메모를 하면 거래처의 반응과 자신의 대응을 객관적으로 볼 수 있게 된다. 그리고 그 기록을 다시 검토하면서 지금까지 미처 깨닫지 못한 어떤 힌트를 찾을 수 있다.

예를 들면 거래처 직원과 나눈 대화에서 다음과 같은 사실을 알게 될 수도 있다.

○ 질문에는 막힘없지만, 항상 같은 내용의 답변으로 일관한다.

○ 업무 상황은 명확히 말하지만, 자신의 생각은 언급하지 않는다.

이런 사실을 발견하면 다음에는 어떤 식으로 질문해야 할지 어렴풋하게나마 알게 된다.

가정이나 회사에서 나누는 대화 등을 지속적으로 기록해보라. 이를 통해 어떤 식으로 상대방을 대해야 할지 해답을 찾게 되는 동시에 대화의 질도 높일 수 있다.

메모는 이렇게 새로운 깨달음을 위한 데이터 베이스로도 활용할 수 있다. 이런 내용들을 고려하며 상대방의 말을 들으면, 지금까지 같은 답변만 해왔던 상대방에게서 새로운 의견을 이끌어낼 수 있다.

상대방의 말 속에 의식적으로 혹은 무의식적으로 드러나는 뭔가를 '알아차리고', 이를 '생각' 해보고 '분석' 한다. 또 이를 근거로 해서 매일 똑같은 형태로 고착된 악순환의 원인을 찾아서 '다음에는 이렇게 해야지.' 하고 반성한다. 그리고 '행동으로 옮기기 위한 용기와 결정'을 정리하여 새로운 방식으로 자신과 상대방의 관계를 전개한다.

이는 비단 비즈니스적인 측면에서만 해당하는 것이 아니라 부부나 자녀, 친구나 애인 관계에서도 마찬가지이다.

나는 연수 등에서 메모를 하는 의미와 방법에 대해 자주 강연을 하는데, 그 구체적인 효능은 다음과 같다.

· 새로운 사실을 깨닫게 된다는 것
· 생각하는 것
· 분석하는 것
· 반성하는 것
· 행동으로 옮기기 위한 용기와 결정

실제로 메모를 지속적으로 하는 사람은 그 성과가 확연하게 드러났다. 글자를 쓰고 메모하는 행위를 통해 자신이 해야 할 일을 마음과 머리로 명확하게 점검할 수 있다. 이는 앞으로 나아가기 위한 사고와 이것을 실행에 옮기는 행동력, 즉 자동차의 양쪽 바퀴 같은 것이다.

11 | 메모로 자신을 관리한다

'셀프 디렉션(Self Direction)' 이라는 말이 있다. 자기 자신을 스스로 디렉션(감독, 관리, 지도)한다는 의미로, 프로페셔널한 비즈니스맨이 되기 위한 필수 조건이다.

셀프 디렉션 구조를 만들려면 메모가 효과적이다.

예를 들면 하루 일과가 끝났을 때, 내일은 무슨 일부터 시작해야 할지 메모를 살펴본다. "월말에 프레젠테이션이 있군. 이번 주 안에 준비를 끝내야지." 등 내일 자신이 해야 할 '활동'을 미리 그려본다. 이는 나태함을 물리치고 자신을 제어하는 수단이 된다. 즉 '자신을 관리할 수 있게 되는' 셈이다.

셀프 디렉션이란 어떤 의미에서 보면 냉정하게 자신을 통찰한다는 뜻이 아닐까?

내가 아는 프로페셔널한 비즈니스맨 대부분은 항상 자신을 철저하게 관리, 감독한다. 그들은 항상 우뇌를 자유롭게 회전하면서 아이디어를 생각하고 좌뇌를 활용하여 이론적으로 점검한다.

그들이 알려준 우뇌와 좌뇌 활용법을 다음과 같이 정리했다.

:: 우뇌적 항목

· '하고 싶은 일이 무엇인지'를 항상 리스트로 정리한다.

· '이렇게 되고 싶다'고 생각하는 내용을 항목별로 적는다.

· 마음을 정리하기 위해, 자신의 감정이나 생각을 문장화한다.

· 자신이 꿈꾸는 미래의 이미지를 명확하게 그려본다. 그것을 스스로
  확인할 수 있는 구조를 만든다(존경하는 인물의 저서를 읽는 등).

:: 좌뇌적 항목

· 해야 할 일(To Do List)을 매일 검토하여 우선순위를 확인한다.

· 일정표를 확인(수정, 추가 등의 작업)한다.

· 순서와 절차를 지시하고 곧바로 실행한다.

· 오늘 하루 일과를 머릿속으로 그려보며 민첩하게 행동한다.

이상의 방법을 실천하는 프로는 험난한 현대 사회에서도 여유롭게
차례차례 다음 단계로 올라간다.

통제해야 할 부분은 강하게 죄고, 느슨하게 할 부분은 느슨하게 풀어
준다. 이 모든 것이 셀프 디렉션이다. 그들에게서는 자신을 철저하게
관리함으로써 생겨난 여유가 느껴진다.

12 | 메모로 여유를 찾는다

앞서 말한 것 같이, 여유가 없는 사람은 메모를 하지 않으며 설혹 한다고 해도 다시 펼쳐보지 않는다. 결과적으로 메모를 제대로 활용하지 못해 점점 여유가 없어진다.

반대로 여유 있는 사람은 "어디 보자, 오늘은……."이라며 먼저 메모부터 살펴본다. 일상에서 메모를 확인하는 습관이 확실하게 자리 잡은 것이다.

여유가 없으면 어떻게 될지 상상해보라.

먼저 실수가 잦아진다. 하지만 정작 본인은 이 사실을 깨닫지 못한 채 시간만 흐른다.

당신이 상사라면 조금의 여유도 없이 일에만 매달리는데 늘 실수가 잦은 부하 직원에게 마음 놓고 일을 맡길 수 있겠는가!

여유 있는 상태를 만들려면 메모를 하고, 그 메모를 확인하는 시간을 마련해야 한다. 그러면 좀 더 깊이 '생각하는 능력'이 생긴다. 매일 업무에서 일어나는 일, 그리고 자신의 생각이나 느낌 등을 기록하면 우선순위와 대응책, 마음의 여유를 찾을 수 있다.

왜 자꾸 메모를 확인하는 습관을 강조할까?

최근에는 메모의 중요성이 부각되면서 예전보다 업무 현장에서 메모하는 사람이 눈에 띄게 증가했다. 메모하지 않는 사람이 더 적지 않을까 생각될 정도이다. 그런데 이렇게 메모하는 사람은 늘었지만 메모를 제대로 활용하지 못하는 사람이 예상 밖으로 많다.

메모는 상사나 고객에게 '당신이 하는 말을 듣고 있습니다.' 라는 무언의 표현이 아니다. 또한 '메모를 하지 않으면 혼나기 때문에 흉내만 내는' 것이 아니다. 메모는 제대로 활용해야 그 가치를 발휘한다.

메모의 중요성과 편리함을 정말로 이해하려면 메모를 다시 읽어보라! 그러면 메모를 활용할 수밖에 없을 것이다.

다른 사람 눈에는 내가 메모의 달인처럼 보이겠지만, 오히려 메모로 내가 성장한 부분이나 여전히 부족한 부분을 깨닫게 된다. 예전에 내가 한 메모를 다시 펼쳐볼 때마다 새로운 발상이 샘솟는다.

아직 메모의 중요성이나 활용법을 깨닫지 못한 사람은, 먼저 지금까지 자신이 한 메모를 반복해서 읽어보라. 여러 번 메모를 읽을 만한 여유가 없는 사람일수록 메모를 다시 읽어볼 것을 권한다.

당신의 보물 창고(메모 수첩)가 그 빛을 발할 수 있기를 진심으로 바란다!

실천! 기본적인 메모

1 | 성공하는 메모 〈기본편〉

❶ 이런 사람은 자신의 메모 방법을 다시 한 번 점검하라

강연을 의뢰한 어느 대기업 직원이 이런 전화를 걸어온 적이 있다.

"죄송합니다만, 오늘 몇 시에 만나기로 했죠? 일정표가 회사에 있어서 제가 확인을 못했습니다."

그 사람은 컴퓨터로 일정을 관리하기 때문에 외부에서는 일정을 확인하기 어려운 듯했다.

이번 장부터 '성공하는 메모 기술'의 실천으로 들어가는데, 위와 같은 상황에 처하지 않도록 먼저 자신이 어떤 식으로 메모하는지 점검하기로 한다.

자신이 다음과 같은 방식으로 메모를 하지 않는지부터 확인하라.

:: **여러 개의 수첩을 동시에 사용한다**

여러 개의 수첩을 사용하면 다른 수첩에 적은 내용을 곧바로 확인할 수 없을 뿐 아니라, 어느 수첩에 메모했는지 깜빡하는 일도 잦다.

필요한 메모를 곧바로 찾아내지 못하는 사람은 자신의 수첩 활용법을 다시 생각해봐야 한다.

:: 수첩을 항상 몸에 지니고 다니지 않는다

갑자기 메모해야 할 사항이 생겼는데 수첩을 항상 가지고 다니지 않으면 곧바로 메모를 할 수 없고, 메모하는 습관이 몸에 배지도 않는다. 또한 전화로 설명한 내용인데도 "수첩을 책상에 놓고 와서요……."라고 변명하는 사람도 꽤 많다.

꼼꼼히 메모한 수첩을 항상 가지고 다니는 습관이 중요하다.

:: 수첩 대신 컴퓨터를 사용한다

컴퓨터를 사용하려면 일정한 환경이 필요하다.

예컨대 혼잡한 지하철 안에서 노트북을 펴고 문자를 입력할 수는 없는 노릇이다. "휴대용 메모 수첩을 따로 준비한다."라고 말하는 사람도 있지만 여기에 메모한 아이디어나 발상을 그날 안에 컴퓨터에 입력하지 못하고 미뤄두기 쉽다.

일정 관리나 중요한 사항을 적는 수첩은 항상 가지고 다닐 수 있는 것으로 선택하라. 곧바로 꺼내 쓸 수 있는 작은 크기의 수첩 한 권과 가방이나 핸드백에 넣어 들고 다닐 수 있는 크기의 일정 기입용 수첩 한 권, 이렇게 두 권을 준비하면 가장 이상적이다.

컴퓨터로 일정을 관리하는 사람이라면 컴퓨터까지 포함해 수첩을 세 개까지로 제한한다. 그 이상이 되면 어느 한 곳에서 누락이 발생할 가능성이 커진다.

❷ 능력 있는 사람과 그렇지 못한 사람의 메모

메모를 하기 시작하면서, 일을 잘하는 사람의 메모는 어떻게 다른지를 오랫동안 관찰해왔다. 그 결과 다음과 같은 차이점이 있음을 알게 되었다.

"그런 건 이미 다 알고 있다고요."라고 자신하는 사람도 자신의 메모 방법을 다시 한 번 점검해보라.

:: **능력 있는 사람의 메모**

☐ 요점이 정리되어 있다

☐ 항목별로 정리한다

☐ 그 자리에서 떠오른 내용은 곧바로 수첩에 적어 넣는다

☐ 메모를 확인하는 시간을 갖는다

☐ 나중에 덧붙여 적을 수 있는 공간을 남긴다

:: **그렇지 못한 사람의 메모**

☐ 대화 내용을 모두 적으려 한다

☐ 요점이 보이지 않는다

☐ 아무 생각 없이 적기만 할 뿐 자신이 무엇을 해야 하는지는 적혀 있지 않다

☐ 메모를 하는 자체로 만족한다

☐ 메모를 다시 읽지 않는다

☐ 무엇을 적었는지 알 수 없는 메모가 있다

당신은 어느 쪽에 더 많이 체크했는가?

거듭 말하지만 메모를 하는 사람이라 해도 그것을 제대로 활용하는 사람은 매우 드물다. 무엇보다 자신이 한 메모를 다시 읽지 않는다. 그렇기 때문에 자신의 메모에 무엇이 부족한지 깨닫지 못하는 것이다.

'손 안에 있는 보물을 내동댕이친다면 정말 아깝지 않은가!' 라고 말하고 싶다.

10년 전의 메모라도 '다시 읽어보면' 당시의 모습이 생생하게 되살아난다. 그것은 단순한 메모가 아닌 데이터 베이스, 기억 재생 장치인 셈이다. 그리고 이를 통해 새로운 발견과 깨달음을 얻게 된다.

다음은 나의 '메모 활용 방법' 을 정리했다. 당신도 이 내용을 참고하면서 '자신이 메모를 제대로 활용하는지' 를 확인하라.

체크된 항목이 많을수록 메모를 잘 활용하는 사람이다.

☐ 메모를 데이터 베이스화한다(파일로 정리하거나 중요 내용을 컴퓨터에

입력하여 관리한다)

☐ 메모로 과거의 기억을 재생할 수 있다

☐ 메모를 다시 읽는 습관이 생활 속에서 자리 잡았다

☐ 메모를 통해 다양한 아이디어를 찾아낸다

☐ 메모를 읽는 일이 즐겁다

☐ 메모를 다시 읽으면서 자주 도움을 받는다

❸ 메모의 기본은 5W2H를 기록하는 것

'5W2H' 라는 메모의 기본을 알면 대부분의 내용은 깔끔하게 메모할 수 있다. 이것은 메모의 기본 중의 기본으로 메모를 하는 방법을 몰라서 고생하는 사람에게 적극 추천한다.

'5W2H' 의 메모 항목을 정리하면 다음과 같다.

'5W2H' 의 메모 항목

첫 번째 W ⇒ WHEN = 언제

두 번째 W ⇒ WHERE = 어디에서

세 번째 W ⇒ WHO = 누구와

네 번째 W ⇒ WHY = 왜

다섯 번째 W ⇒ WHAT = 무엇을

첫 번째 H ⇒ HOW = 어떤 식으로

두 번째 H ⇒ HOW MUCH = 얼마로

메모를 시작할 때 이상의 사항을 반드시 기입한다. 나중에 메모를 다시 읽을 때 이 5W2H가 기억을 되살리는 열쇠가 될 것이다. 이 기본을 기억하면 메모할 내용을 빠뜨리는 실수도 적어진다.

❹ 메모의 기본

지금까지 기술한 내용과 중복되지만 정리하는 의미에서 메모의 기본을 다시 한 번 소개하겠다.

∷ 메모할 때의 마음가짐과 자세

메모를 할 때 상대방을 보지 않은 채 일방적으로 아래만 쳐다보면서 뭔가를 열심히 적는 태도는 바람직하지 않다. 커뮤니케이션의 기본은 상대방의 얼굴을 쳐다보는 데서 시작한다. 그리고 메모는 재빨리 적는다.

따라서 핵심적인 내용과 기호 등으로 메모하여 나중에 대화 내용을 떠올리기 쉽게 작성한다. 그리고 최종적으로는 정말 필요한 내용만 메모할 수 있는 능력을 갖추도록 노력한다.

메모하는 데 지나치게 집중한 나머지 정작 중요한 커뮤니케이션을 소홀히 하면 아무 의미가 없다.

∷ 메모 양식을 정해둔다

어떤 식으로 메모할 것인지, 그 양식을 미리 정해둔다.

예를 들면 왼쪽 페이지에는 상대방이 한 말만 적고, 오른쪽 페이지에는 자신이 느낀 점을 기입하는 식이다.

미리 적을 항목과 공간을 정하면 '무엇을 어떻게 적어야 하지?' 하며 시간을 낭비하지 않는다.

그 결과 여유롭게 메모하는 동시에 상대방의 이야기에 집중할 수 있게 된다.

:: 내용을 추가할 때는 다른 색을 사용한다

상대방이 말한 내용은 검정색으로 메모하고, 자신의 생각이나 궁금한 점을 추가로 적어 넣을 때는 다른 색을 사용하면 좋다.

예를 들어 메모를 다시 읽으면서 자신의 생각이나 검토해야 할 내용을 적을 때는 파랑으로, 핵심이나 주의해야 할 사항 등 신경 쓰이는 부분은 빨강으로 기입하는 등의 식이다.

스스로 양식을 정해두면 메모하는 속도가 빨라져 상대방의 이야기에 귀를 기울일 여유가 생긴다. 또한 색을 다르게 사용함으로써 시각 효과가 높아져 뇌가 메모 내용을 쉽게 인식하여 정보를 처리하는 속도가 향상된다는 이점도 있다.

그래서 나는 세 가지 색 볼펜을 항상 가지고 다닌다.

:: 상대방의 표정을 적는다

대화 내용만 기입하지 말고 상대방의 상태와 어떤 때, 어떤 표정이나 동작을 했는지 기입해두면 나중에 상대방의 심리까지 분석할 수 있다.

상대방이 자신에게 어떤 감정을 품고 있는지, 또 상대방의 말을 얼마나 신뢰할 수 있는지 알 수 있는 재료가 된다.

❺ '아날로그화' 되는 디지털을 충분히 활용한다

출장으로 한 달에 절반 정도는 자리를 비우지만 급한 업무 의뢰나 우선순위 변경 등 회사 외부에서 지시를 내려야 할 때가 있다. 이런 상황에서는 디지털을 활용한다.

예컨대 메일이나 첨부 파일 등을 활용하여 정확하게 업무 지시를 내릴 수 있다.

즉 사원들이 제작한 데이터를 메일로 받아보고, 회사 외부에서 검토할 수 있는 것이다.

최근에는 이 첨부 파일에도 다양한 프로그램을 이용하게 되었다. 의뢰인에게 제안할 프레젠테이션 보드 등의 제작물이라면 사진 자료를, 견적서 확인이라면 엑셀을, 상황에 따라서는 파워포인트를 활용하기도 한다.

디지털 기술이 향상됨에 따라 고도의 기술을 다양하게 활용한 제작물이 많아졌다. 그림과 사진이 많이 삽입된 워드나 그림 등의 자료는 용량이 크므로 PDF 자료로 변환하여 압축하면 메일로 충분히 주고받을 수 있다. 여기에 메모를 덧붙이면 컴퓨터로 간단하게 일을 처리할 수 있는 것이다.

이전에는 보내온 자료를 출장지에서 출력하여 검토한 후 수정 메모를 덧붙여 택배로 다시 보냈다.

세부적인 지시나 이미지 수정 등은 아무래도 손으로 작업하는 편이 빠르고 알기 쉽기 때문에 내가 의도한 이미지를 정확하게 전달할 수 있다.

나는 디지털이 아날로그를 이길 수 없다고 생각했다. 뇌는 디지털적인 것보다 아날로그적인 것을 훨씬 잘 이해하고, 쉽게 받아들인다고 생각했기 때문이다. 하지만 최근에는 디지털이 아날로그를 따라잡았다.

자료 원본을 그대로 보존하면서 컴퓨터 상에서 메모를 덧붙일 수 있는 소프트웨어가 개발되어 쪽지나 말풍선 모양을 사용하여 수정 의견을 달면 아날로그적인 느낌으로 일을 처리할 수 있게 되었다.

PDF를 비롯한 수많은 소프트웨어는 앞으로도 좀 더 아날로그적인 느낌이 나도록 개발될 것이다. 그렇게 되면 PDF 같은 소프트웨어를 이용할 때도 메모 기술은 필수적이라는 말이 된다.

❻ 꿈을 실현하기 위한 메모 활용법

메모를 활용하여 꿈을 실현하려면 다음 두 가지 항목을 수첩에 메모해둔다.

:: '하고 싶은 일 10가지'를 적어둔다

항상 활기차게 살아가려면 목표는 필수적이다. 그리고 목표를 달성하려면 항상 그 목표를 잊지 않는 자세가 중요하다.

'하고 싶은 일 10가지'를 반복해서 읽는 사이 자신이 무엇을 필요로 하는지가 명확해진다.

자신의 욕구, 희망을 확인함으로써 자신에게 필요한 것을 무의식적으로 잡아내는 능력이 생긴다. 그리고 자신의 인생이 어떤 방향으로 흘러가는 지를 확인하고, 그것을 읽어내는 반사 신경 혹은 포획 능력이라 할 수 있는 동물적 감성까지 길러진다.

하고 싶은 일 10가지

: : 사회인으로서 잊지 말아야 할 사항, 중요한 내용을 기입한다

예를 들면 '예전에 도움을 받은 선배에게 결혼 축하 선물을 보낸다' 같이 잊지 말아야 할 사항, 중요한 내용을 꼼꼼하게 메모한다.

항상 가지고 다니는 수첩에 메모를 해두면 이것을 반복해서 읽는 사이 어떤 선물이 좋을지 저절로 떠오를 것이다. 또한 미리 예정이나 계획 등을 세우게 되는 장점도 있다.

사회인으로서 잊지 말아야 할 사항

----

❼ 꾸준히 메모하려면 끈기가 필요하다

당신도 마찬가지겠지만 나도 학교 교장 선생님이나 회사의 상사, 사장님에게 '무슨 일이든 끈기 있게 지속하라.' 는 말을 귀가 따갑게 들어왔다. 그리고 이런 말을 들을 때마다 '그러면 끈기 있게 지속할 수 있는 방법을 가르쳐주든지.' 라고 생각했다.

예컨대 숙제나 예습, 복습을 매일 꾸준히 할 수 있는 사람은 그 일을 힘들지 않게 지속할 수 있는 방법을 알고 있거나, 원래 그렇게 타고난 사람이라고 생각했다.

뭔가를 꾸준히 지속할 수 있는 사람은 마음과 뇌에 그 힘(근육)을 가지고 있다. 하지만 이 '지속 근육' 을 타고난 사람은 극히 소수다.

지금 생각하면 학생들 앞에서 '무슨 일이든 끈기 있게 지속하라.' 고 훈시한 교장 선생님도 사실은 이 요소가 부족했던 것은 아닐까, 하는 생각이 든다. 사람은 자신에게 부족한 점을 더욱 강하게 다른 사람에게 요구하는 법이다. 그렇다면 끈기를 갖추려면 어떻게 해야 할까?

아무리 노력해도 한 가지 일을 오래 지속하기 힘들었던 나는 어떻게 해야 끈기가 생길지 고민했다. 결국 뭔가를 지속할 수 있는 환경을 만들 수 있는 비결을 고안했다. 그 대략적인 내용은 다음과 같다.

· 자신이 한 가지 일을 꾸준히 지속하기 힘들다는 사실을 자각한다.

· 도중에 포기하거나, 그만둔다고 해서 자신을 벌하거나, 원망하지 않는다.

· 꾸준히 뭔가를 지속하는 노력 자체에 의미를 두고, 과정을 통해 끈기

를 기를 수 있다는 의미를 담은 '표어'를 만든다.

· '끈기에는 노력이 필요하다' 라는 표어를 되뇌며, 스스로를 격려한다.

· 끈기 있게 지속하기 위한 방법을 궁리한다. 그 일을 해낸 후의 자신
의 모습을 상상해보는 방법도 좋다.

반년, 일 년 동안 한 가지 일을 지속했을 때 자신에게 충분히 보상을
해준다. 소리 내어 스스로 "잘 했어 ○○!"라고 칭찬한다.

자신에게 줄 상을 미리 정해두고 목표치를 달성하면 자신에게 그 상
을 수여한다. 말을 힘껏 달리게 하기 위해서는 당근이 필요하다.

다른 누군가가 자신의 노력을 응원하지 않아도 스스로 자신을 고무
시키는 것이다.

❽ 싫증내지 않는 비법

여러 회사의 연수나 세미나 등에서 강연을 하면서, 가만히 앉아 있지
못하는 사람이 많다는 사실을 알았다. 그들에게는 분명히 그 시간이 고
통이었을 것이다. 나 또한 그랬으므로 그들의 심정을 충분히 이해한다.

이런 사람들을 위해 '싫증이 나지 않는 비법'을 알려주겠다.

· 연수의 주제에 대해 나중에 다른 사람에게 이야기해(전해)준다는 생각
으로 이야기를 듣는다

· 게임이라 생각하고 메모를 해본다

- 드라마 각본처럼 줄거리 정도라도 적어본다
- 자신에게 흥미 있는 내용만이라도 기록한다
- 강사에 주목하면서 다음을 생각해본다.

  패션

  화법

  농담, 우스갯소리

  영업에 활용할 만한 화제

성명(직함)	
앉아 있던 장소	
말버릇 · 어투	
말할 때 자주 하는 동작	
일에 대한 의욕	
사고방식	
성격	
신뢰도 · 인간성	
건강 상태	
패션	
농담 · 우스갯소리	
영업에 활용할 만한 화제	

회의나 세미나가 지루해도 이런 식으로 메모를 즐기면서 적극적으로 참여하면 어떨까?

그 자리가 시시하다고 졸거나, 멍청히 앉아 있지 말고, 뭔가 재밋거리가 없는지, 뭔가 얻을 만한 것은 없는지 '싫증나지 않는 비법'을 찾아보라.

:: 호기심 활성화 메모

앞서도 말했지만 뇌는 정직하며, 절전 모드로 만들어져 있다. 흥미가 없거나 의미가 없다고 생각하면 뇌는 쓸모없다고 판단하고 회의의 내용을 듣기 위해 더는 에너지를 쏟지 않는다.

사람은 생명을 위협받는 상황이 아니라면 재미없는 일, 흥미 없는 일에는 좀처럼 집중하려 하지 않는다.

'재미있다', '즐겁다', '기쁘다' 같은 긍정적인 감정이 작용해야 뇌도 기꺼이 가동하기 시작하는 것이다.

세미나가 고통스러워서 견디기 힘들면 '도움이 되지 않는 이야기'라고 처음부터 결론 내리지 말고, 세미나 강사의 이야기를 좌뇌로 분석하여 '이 말은 여기에 도움이 되겠다.' 하고 냉정하게 분석해보는 것은 어떨까?

그리고 우뇌로 세미나 강사의 화법이나 인품, 심정 등을 추측해도 재미있을 것이다.

세미나 가운데에서 자신 나름의 '즐거움', '재미'를 찾아보는 것이

중요하다. 머리로 판단하지 말고 대화 내용에만 초점을 두고 핵심을
항목별로 정리하는 방법도 좋다.

❾ 신문 기자는 메모의 달인

이 책을 쓰면서 '메모를 가장 잘하는 직업은 무엇일까?'를 생각해보
았다. 역시 신문 기자가 아닐까, 생각한다.

상대방의 이야기를 잘 듣고, 말하는 기술, 그리고 질문하는 기술 등
은 비즈니스맨에게도 필요하지만 신문 기자는 여기에서 더 발전된 고
도로 숙련된 기술을 갖추어야 한다.

나는 몇 번인가 선거에 관련된 일을 한 적이 있는데, 이때 신문 기자
나 보도 관계자들과 접할 기회가 많았다. 그들 대부분은 B5 크기의 얇
은 노트를 가지고 다녔다. 가방 안에 쏙 들어가고(많은 사람이 어깨에 메
는 비슷한 모양의 가방을 가지고 다녔다) 무겁지도 않으며, 어디서나 손
에 들고 메모하기 좋기 때문이다.

그중에는 영화나 TV에서 기자 역할을 맡은 사람들이 주로 들고 나
오는 검은 가죽 표지로 된 주머니 크기의 수첩을 가지고 있는 사람도
있었는데, 비율로 따지자면 절반 정도였다.

인터뷰할 때, 후보자 옆에서 그들이 메모를 적는 모습을 유심히 살펴
본 적이 있다.

결코 깔끔하다고 할 수 없는 글자체로 후보가 말하는 내용의 요점을
적고 있었다. 글자를 갈겨쓴다고 표현하는 편이 더 적합할지 모른다.

게다가 그 속도도 엄청나게 빠르다. 하나같이 상대방의 답변을 듣고 적은 후에 다음 질문을 생각하는 시간도 무척 짧았다.

내가 가장 감탄한 부분은 후보가 말한 요점을 정확하게 기록하고, 말의 앞뒤가 맞지 않는 말 등 의문점이 생기면 때를 놓치지 않고 곧바로 질문을 던진다는 것이다.

기사화된 문장은 선거전이라는 이를테면 공평한 취재 활동을 한다는 조건 하에 있으므로 각 기사마다 그리 큰 차이는 없다. 하지만 인터뷰할 때 메모에 적힌 내용을 보면 각자의 개성이 그대로 드러난다.

상대방이 하는 말을 주의 깊게 듣는 사람이 한 메모에는 요점에 ○표시나 밑줄이 그어져 있다. 어느 한 기자는 각 항목마다 선을 그어 질문에 대한 답변을 메모했다. 각자 자신의 방식으로 메모를 하는 것이었다.

신문 기자들을 보며 메모는 굳이 깔끔하게 정리하지 않더라도 자신이 알아볼 수 있으면 된다는 것, 그리고 주제에 맞는, 필요한 내용을 정확하게 메모했는지가 가장 중요하다는 사실을 배웠다.

신문 기자들이 한 메모에는 다음과 같은 공통점이 있었다.

· 요점이 간결한 문장으로 기록되어 있다.
· 대상자가 말한 내용의 핵심이 정리되어 있다. 또한 자신이 무엇을 질문했는지를 확인할 수 있도록 메모되어 있다.
· 화제에서 벗어나서 제삼자가 들으면 이해하기 어렵다고 생각되는 점은 반드시 질문하여 논리적으로 재정립한 다음 메모한다.

신문 기자는 독자의 흥미를 유발하는 내용들을 중요도가 높은 순서대로 질문한다. 또한 '언제?', '왜?'라는 이유와 '그 당시의 기분은?' 등 독자가 궁금해하는 질문이 이어진다. 이렇게 해서 인터뷰의 분위기가 무르익으면 대상자도 기분 좋게 답변한다.

지금 생각해도 그들이 메모하는 방식과 인터뷰하는 기술은 정말 멋있었다. 그때 이후부터 신문 기자들을 동경하게 되었다.

2 | 기억에 남는 메모 〈우뇌편〉

❶ 그림으로 메모한다

'우뇌형 인간'인 내 친구는 하루 동안의 일이나 생각한 내용 등을 휴대 전화 문자에 사용하는 그림이나 기호, 컴퓨터 메뉴에 있는 간결한 그림으로 메모한다. 글자보다 도형이나 그림으로 나타내는 편이 훨씬 기억하기 쉽다고 한다. 이 친구는 우뇌적으로 일을 처리하고, 기억하는 편이 훨씬 쉽게 두뇌에 저장되는 것이다.

그림 메모는 우뇌의 정보 수집 능력과 도형을 인식하는 능력을 활용한 메모이다. 간단한 그림만으로도 메모의 역할을 충분히 해낼 수 있다.

예를 들어 멋진 풍경을 보고 그 느낌을 대충 그리면 다른 사람의 눈에는 낙서처럼 보이지만 본인에게는 그 당시의 기억을 떠올릴 수 있는 훌륭한 메모가 된다.

알기 쉽게 표현한 상징적인 그림이나 삽화를 전문 용어로 '단순화 표현'이라고 한다. 단순화 표현은 뇌에서 쉽게 정보를 처리하게 하는 효과가 있다.

❷ 사진으로 메모한다

자신이 본 것을 정확하게 그림으로 표현하기는 어렵다. 화이트보드에 간략하게 그린 그림은 모르지만 견본 시장이나 전시장처럼 정보가 복잡한 경우에는 정보를 수집하기가 꽤 어렵다. 게다가 그 정보를 출력하기도 쉽지 않다. 컴퓨터가 용량이 큰 데이터를 처리하는 데 시간이 걸리듯 뇌도 복잡한 정보를 처리하려면 상당한 시간이 필요하다.

견본 시장이나 전시장에서 본 '선명한 색상이나 참신한 부스 디자인'을 그림이나 문장으로 '기록'(메모)하기는 힘들지만 사진으로 찍으면 간단하게 해결된다. 게다가 그림보다 정확하고, 많은 정보를 전달할 수 있다.

나는 사진 또한 메모의 한 종류로 활용한다. 3차원적인 정보를 단시간에 정확하게 기록하는 데는 사진 메모가 유용하다. 신제품 개발 미팅 등을 할 때도 화이트보드에 샘플 상품 등의 그림을 손으로 베끼는 것보다 사진으로 찍으면 훨씬 간단하다. 또한 표현하고 싶은 도형이나 그림이 금방 떠오르지 않으면, 사진 메모를 활용하면 좋다. 사진 메모만으로 부족한 부분은 간단한 설명을 보충하면 된다.

이처럼 메모는 기록하고 싶은 내용에 맞추어 다양한 수단을 활용하면 훨씬 효과적이다.

※ 견본 시장이나 전시회에서는 촬영이 금지된 장소가 많으므로 주의한다. 친분이 있는 회사라고 해도 허가를 얻은 후에 촬영하도록 한다.

3 | 기억을 이끌어내는 메모 〈좌뇌편〉

❶ 핵심 문장으로 메모한다

'오래전 사진을 발견하다' ⇒ '초등학교 앞에서' ⇒ '어린 시절의 자신' ⇒ '다음 동창회에는 참석'

'누나 결혼식에서' ⇒ '예전에 갔던 온천 이야기' ⇒ '다음에는 아내와 어디를 갈까?'

이처럼 몇 가지 핵심 문장으로 메모하는 방법이 있다. 언어 인지 능력이 있는 좌뇌를 활용하여 기억을 불러오는 방법이다. 이 방법은 다른 사람의 눈에는 의미가 없는 문장의 나열로밖에 보이지 않을 수도 있다. 하지만 본인은 기억을 재생할 수 있다.

'오래전 사진을 발견하다' ⇒ '초등학교 앞에서' ⇒ '어린 시절의 자신' ⇒ '다음 동창회에는 참석' 이라는 간단한 문장들이 자신의 머릿속에서 '오늘 오래전 사진을 발견했다. 초등학교 앞에서 찍은 사진이다. 어린 시절의 내 모습이 떠올랐다. 다음 동창회에는 꼭 참석해야겠다.' 는 일련의 흐름으로 상기된다.

짧은 문장 하나를 통해 수많은 기억을 떠올린 경험은 누구에게나 당연히 있을 것이다.

두뇌에는 다양한 기억이 보존되어 있는데 각 기억을 회로로 이어주는 것이 '회상'이라는 작업이다.

'누나 결혼식에서'라는 문장에서 누나의 결혼식 때 있었던 일을 떠올리고, '예전에 갔던 온천 이야기'에서 그 당시 사람들과 나누었던 대화 내용을 기억한다. 그리고 '다음에는 아내와 어디를 갈까?'라는 문장을 바탕으로 '그러면 아내와 어딘가에 있는 온천에 가자고 이야기했었지.'라고 기억한다.

즉 자신의 두뇌 회로가 잘 연결되도록, 검색하기 쉽도록 인상적인 핵심 문장으로 적어놓고 메모한다. 이 방법은 글쓰기가 서툰 사람이나 짧은 시간 안에 상대방의 이야기를 듣고 글을 써야 하는 사람에게 추천한다.

❷ 글쓰기가 서툰 사람은 핵심 단어로 메모한다

글쓰기가 서툰 사람은 핵심 단어로 메모를 시작하라. 문장 전체를 적어 넣으려 하지 말고 요점, 핵심만 단어로 메모하는 방법이다.

나중에 다시 읽었을 때 그 당시의 상황, 상대방과 이야기한 내용 등을 떠올릴 수만 있다면 어떤 식으로 적든 상관없다. 비록 다른 사람이 봐서는 무슨 뜻인지 알 수 없어도 자신만 알아볼 수 있으면 상관없다.

메모를 지속하지 못하는 이유는 대부분 무엇이든 꼼꼼하게, 그리고 정확하게 적으려 하기 때문이다.

예를 들어 '2/7', '결혼기념일', '꽃'이라는 핵심 단어는 '오는 2월 7일 결혼기념일에는 꽃을 사서 아내와 둘이 축하해야지.'라는 뜻으로, 이 단어들을 통해 기뻐하는 아내의 얼굴을 떠올릴 수 있다.

업무에서도 핵심 단어 메모를 활용해보라. 이때 수첩에 적혀 있지 않은 내용까지 떠올릴 수 있도록 적절한 단어를 선택하는 것이 중요하다.

모든 내용을 메모하려면 정보 수집에 많은 에너지를 사용해야 하므로 뇌에 입력된 정보를 종이에 출력하는 데도 많은 에너지를 소비해야 한다. 그렇지 않아도 글쓰기를 힘들어하는 사람이라면 메모를 포기할 수밖에 없지 않을까?

어떤 학자들은 '메모를 나중에 활용할 수 있도록 제목을 붙이고 주제별로 정확하게 분류해서 필요할 때 곧바로 찾아볼 수 있도록 체계를 구축해야 한다.'고 말한다. 그러나 매일 바쁘게 일하는 비즈니스맨에게는 시간이 없다.

먼저 일에서든 생활에서든, 절대 잊지 말아야 할 사항을 메모하는 데서 시작하라. 구체적으로는 5W2H를 핵심 단어로 메모하면 업무적인 실수는 확실하게 줄일 수 있다.

뇌는 절전 상태로 움직이며, 매우 정직하다.

글쓰기가 서툰 사람은 단어를 중심으로 메모하는 방법을 활용하라. 자신에게 넘치는 과제로 뇌에 부담을 주지 않는 것이 메모를 지속할 수 있는 비결이다.

❸ TO DO LIST를 작성한다

자신이 해야 할 일을 시간별로 기록하고, 메모를 보고 행동한다. 이것을 'TO DO LIST'라고 하는데, 이것만 잘 활용해도 업무와 사생활 모두에서 실수가 확연히 줄어든다. 하지만 리스트를 작성하기만 하고 실천하지 않으면 아무 의미가 없다. 당신도 다음과 같이 TO DO LIST를 작성하여 부디 행동으로 옮겨보라.

· 오늘 해야 할 일을 빠짐없이 적는다

· 일을 처리한 후에는 빨간색으로 표시한다

· 오늘 안에 마치지 못한 일은 내일 리스트에 추가한다

· 이번 주 안에 해야 할 일 등도 아래쪽에 적는다

실천! 비즈니스 현장에서의 메모
〈우뇌편 · 좌뇌편 · 종합편〉

1 | '수첩 한 권' 으로 시작한다

'비즈니스 현장에서의 메모 기술' 을 소개하기 전에 다시 한 번 메모의 기본에 대해 정리하겠다.

메모를 지속하려면 가장 먼저 가방이나 양복 주머니에 언제든 가지고 다닐 수 있는 수첩을 마련하는 것, 이것이 바로 메모를 지속할 수 있는 전제 조건이다. 꾸준히 메모를 못하는 까닭은 수첩이나 노트를 항상 가지고 다니지 않기 때문이다.

컴퓨터 기능을 24시간 사용하기 위해서 휴대가 가능한 '모바일' (컴퓨터를 휴대하며 이용하는 것) 노트북이 나왔듯이, 메모를 활용하려면 언제 어디서든 메모를 하고 그것을 다시 읽을 수 있는 환경이 중요하다.

먼저 휴대가 간편한 수첩과 잘 나오는 펜부터 준비하라.

:: 메모를 기입할 때 주의해야 할 점

커뮤니케이션을 하면서 상대방이 보내는 '신호' (사인)를 놓치지 않으며 메모를 한다.

메모에 기입하는 내용은 다음과 같다.

A. 사실(날짜, 시간, 날씨, 장소, 상대방의 복장)

B. 대상자가 한 말(의견)

C. 자신이 본 사실(상대방이 화났다, 울었다 등)

D. 자신이 받은 인상, 느낀 점

E. 그 외(자신의 발상이나 생각, 떠오른 이미지)

A에 관련한 내용은 커뮤니케이션이 시작되기 전에 기입할 수 있으며, D · E는 나중에 덧붙일 수 있으므로 B · C에 의식을 집중하여 메모를 하는 것이 중요하다.

메모는 사실 정보와 그 외에 떠오른 생각과 추측 등 자신의 느낌을 분명하게 나누어 기입한다.

예컨대 '상대방이 한 말', '○○ 씨의 표정' 처럼 상대방이 한 말을 다른 색 볼펜으로 메모하거나, 사실에만 형광색 펜으로 표시를 하는 식이다. 이것만으로도 상대방의 사고나 행동, 사실과 현재 상태를 한눈에 구분할 수 있다.

다른 사람이 한 말과 자신의 생각이 뒤죽박죽 섞이면 나중에 메모를 봐도 제대로 정리할 수 없다. 나중에 메모를 다시 펼쳐보았을 때 정보의 출처를 확실하게 알 수 있도록 기록하자.

그런 다음 자신의 느낌에만 다른 색 펜으로 표시를 하여 열거하면 질문해야 할 사항이나 자신이 해야 할 일 등이 명확해진다.

또한 내용을 나누어 메모를 하는 방법 가운데 하나로 수첩 왼쪽 페이지와 오른쪽 페이지에 기록할 내용을 먼저 정해두는 것도 좋다.

:: 사실은 있는 그대로, 하지만 마음의 눈은 상대방에게

사실과 상대방이 한 말은 귀로 들은 그대로 냉정하게 기록한다. 이때 머리는 쓰지 않더라도, 시선과 마음의 눈은 모두 상대방을 향하도록 한다. 이것이 '마음을 쓰지만, 머리는 쓰지 않는다'는 메모에 대한 내 기본적인 생각이다.

다음은 '메모를 할 때 지켜야 할 7가지 기본 사항'을 정리했다.

그리고 126페이지 이후부터는 이미지 능력을 활용한 우뇌 메모와 구체적인 숫자와 사항을 꼼꼼하게 정리하는 좌뇌 메모, 그리고 이 두 가지를 모두 활용하는 메모에 대해 구체적으로 설명하겠다.

:: 메모할 때 지켜야 할 7가지 기본 사항

❶ 최종적으로는 일정한 규격의 종이로 통일한다

일일이 수첩을 꺼낼 여유가 없을 때는 냅킨에 메모해도 좋다. 하지만 최종적으로는 A4 등 일정한 규격의 종이에 붙여 모양과 크기를 통일한다.

❷ 수첩을 여러 개 소지하지 않는다

용도·내용·목적에 따라 수첩을 나누어 사용하면 혼란스러워질 뿐이다. 수첩은 한 권이면 충분하다.

❸ 메모 첫머리에는 반드시 '날짜'를 적는다

메모의 오른쪽 위(이렇게 위치를 미리 정해두는 편이 좋다)에는 날짜와 장소를 기입한다.

❹ 내용은 항목별로 나누어 적는다

메모는 문장으로 적지 말고 간결하게 정리한다.

중요한 내용만 떠올릴 수 있으면 되므로 세밀한 설명은 불필요하다. 항목별로 적는 것이 기본이다.

❺ 핵심 단어를 적는다

언제, 누가, 어디에서, 무엇을, 숫자 등 '5W2H'를 잊지 마라.

❻ 생각이 떠오르면 곧바로 적는다

좋은 아이디어가 떠오르면 그 자리에서 바로 메모하는 습관을 들인다.

❼ 제목을 붙인다

메모하고 나서 무엇에 관한 메모인지 한눈에 알 수 있도록 제목을 붙인다. 다른 색으로 표시하면 더욱 효과적이다!

2 | 우뇌편

❶ 이미지 트레이닝 메모

'이미지 트레이닝(Image Training)' 이란 실제로 어떤 행동을 하기에 앞서 머릿속으로 여러 번 시뮬레이션을 그려보는 것이다.

이미지 트레이닝을 하면 뇌가 활성화되기 때문에 편안한 마음으로 실제 상황을 맞이할 수 있다. 무슨 일이든 순조롭게 진행하려면 준비와 훈련이 필요하다.

흔히 운동선수들이 "연습한 만큼 시합에서 좋은 결과를 얻을 수 있을 것입니다.", "오늘을 위해 열심히 훈련했습니다."라고 말하는데, 비즈니스에서도 마찬가지이다.

나도 비즈니스라는 경기장에서 싸우기에 앞서 운동선수처럼 사전 훈련과 이미지 트레이닝을 해왔다. 그 결과 어떤 일이든 훈련을 통해 어느 정도는 숙달될 수 있다는 사실을 깨달았다.

예를 들어 회의나 세미나 등에서 대화의 흐름을 가상해보며 '저렇게 말하면 이렇게 대답해야지.' 라고 다양한 답변을 준비하여 빠짐없이 메모하는 경우다. 이를테면 커뮤니케이션 '시나리오', 혹은 '이미지 스토리'를 그리는 것이다. 이것은 우뇌의 특기 분야이다.

그런 다음 이 메모를 보면서 실제로 목소리를 내어 훈련한다. 목소리 톤과 어투를 부드럽게 하기도 하고, 간결하고 분명한 어조로 말하는 등 미리 준비를 하면 실제 현장에서 상대방에게 맞추어 이성적으로 커뮤니케이션을 이끌어갈 수 있다.

당신도 이미지 트레이닝을 위한 메모(시나리오)를 작성하여 준비 훈련을 거친 후에 실제 업무를 진행해보라.

❷ 필드 워크 메모

바쁘기는 하지만 자극이 거의 없는 단조로운 일상을 반복하다 보면 아무래도 눈앞에 놓인 업무밖에 보이지 않는다. 매일 똑같은 작업만 거듭하다 보면 마치 자신이 기계처럼 느껴지기도 한다. 이때는 '필드 워크(Field Work) 메모'를 활용하여 본래 자신의 모습을 되찾는다.

전혀 어렵지 않다. 틀에 얽매이지 말고 우뇌를 활성화하면서 머릿속에 떠오르는 자신의 느낌이나 생각을 하나씩 적으면 된다. 디지털적인 사고에 지친 두뇌의 긴장을 풀어줌으로써, 좀 더 인간다운 아날로그 세계로 되돌아가는 것이다.

예전에 나도 일에 쫓겨 지금 눈앞에 있는 것밖에 보이지 않던 때가 있었다. 그때 문득 '감정이 없어지면 살아 있다고 할 수 없지 않을까?'라는 생각이 들었다. 그리고 메모 수첩을 펴서 생각나는 대로 내 느낌을 적는 사이 내 인생의 주인공은 바로 나라는 사실을 깨달았다. 이때 적은 '깨달음'과 내 심리를 나타낸 문장들은 지금도 내게 용기를 준다.

인간관계에서 오는 스트레스를 피하기 위해 길을 걸을 때나 혹은 사무실에서조차 귀에 이어폰을 꽂는 사람도 있다. 하지만 필드 워크 메모를 하면 응어리진 마음을 풀어주는 동시에, 자신의 존재 의미와 다른 사람과의 관계에서 살아가는 의미를 발견할 수 있다.

메모를 외부 세계(필드)에 내디딜 수 있는 용기를 주는 수단으로 활용해보라.

❸ 모티베이션 메모

'모티베이션(Motivation) 메모'란 마음속에 품고 있는 꿈이나 희망 같은 긍정적인 감정을 우뇌를 활용해 자유롭게 써내려가는 것이다. '모티베이션'이란 시대와 업종에 따라 그 의미가 다르게 사용되기도 하지만, 사람이 살아가는 데 반드시 필요한 요소이다.

모티베이션을 고취하려면 '자신이 쌓은 실적에 대한 적절한 평가'가 필요하다. 즉 '다른 사람의 인정'을 받아야 하는 것이다.

누군가에게 인정받고, 칭찬받을 때의 쾌감, 뿌듯함을 온몸으로 느끼고 싶어서 사람들은 뭔가에 열정을 쏟는 것이 아닐까?

뇌가 원하는 것은 무엇인가?

마음속에 간직한 바람은 무엇인가?

몸이 정말 하고 싶어 하는 일은 무엇인가?

이런 생각들을 메모로 적어보라.

자신을 관심 있게 들여다보는 과정을 통해 인생을 더욱 의미 있게 만들 수 있다.

❹ 헌팅 메모

메모는 중요한 기억을 이끌어내기 위한 '낚싯대'라고 생각한다.

메모를 다시 읽는 행위는, 바닷속에는 있지만 눈에 보이지 않는 '물고기'(기억)를 낚아올리는 과정과 비슷하다.

머릿속에 떠오른 생각, 혹은 반드시 기억해야 하는 내용 등을 메모로 남겨두면 '낚싯대'처럼 '물고기'(필요한 기억)를 끌어올릴 수 있는 것이다. 그런 의미에서 메모하는 행위를 사냥(Hunting)에 비유할 수 있다. 즉 헌팅(메모를 하는 것)을 통해 주변에 널려 있는 정보를 자신의 것으로 만드는 것이다.

나아가 예전에 적은 내용을 다시 읽어보며 어떤 목적으로 메모했는지를 파악하고, 그 내용을 현재 상황에 활용하면 좋을 것이다.

최소한의 노력으로 목적을 달성하려면 메모 또한 되도록 간결하게 적어야 한다.

기억해야 할 사항을 시각적으로 전환하려면 우뇌의 기억 방법과 동일한 수단을 사용하는 편이 효과적이다. 나는 이것을 '헌팅 메모'라고 이름 붙였다.

우뇌의 이미지 능력을 최대한으로 활용하여 메모를 하면 이 작업을 더욱 즐겁게 지속할 수 있다.

:: 소중한 추억이 담긴 사진은 우뇌를 활성화시키는 메모에 해당한다.

사진을 통해 '그 시절의 자신'을 되살릴 수 있다. 수첩에 사진을 붙여두고 항상
가지고 다니면서 '잊고 싶지 않은 것', '기억하고 싶은 일'들을 스스로 되새긴다.

3 | 좌뇌편

❶ 아침에 가장 먼저 봐야 할 메모

'아침에 가장 먼저 봐야 할 메모'는 앞에서 소개한 'TO DO LIST'
와 동일하다. 예를 들면 '문의를 해온 고객에게 아침에 출근하자마자
전화를 해서 답변한다.', '오후 ○시에 고객을 방문할 때 제시할 견적
서를 작성한다.' 같은 항목을 생각나는 대로 적는다.

그런 다음 우선순위를 정하고 '○월 ○일에 해야 할 일'이라고 제목
을 적어 책상 앞에 붙여두면, 다음 날 "오늘 해야 할 일은 뭐지?"라며
시간을 낭비하지 않게 된다.

프롤로그에서도 언급했듯이 사람의 기억에는 오랫동안 보존되는 것
과 단시간에 소멸되는 것이 있다. 기억했다고 생각하지만 어떤 계기로
그 기억이 매몰되는 일도 많다. 하룻밤이 지나면 사라지거나 묻히는
기억이 생기기 마련이다.

실수를 막으려면, 다음 날 아침에 가장 먼저 봐야 할 메모를 집에 돌
아가기 전에 작성하라.

❷ 업무 의뢰를 위한 메모

비즈니스 사회에서 능력 있는 상사가 갖추어야 할 자질이 조금씩 달라지고 있다. 구두로 지시한 업무를 제대로 수행하지 못한 부하 직원에게 "왜 내가 지시한 대로 업무를 처리하지 않았는가!"라며 감정적으로 야단을 쳐서는 안 된다.

수만 명의 직원이 근무하는 대기업과 10명, 100명의 종업원을 둔 회사는 임원의 업무와 업무 진행 방식, 혹은 부하 직원과의 업무 분담, 그리고 업무 지도 등에서 확연한 차이를 보인다.

하지만 비즈니스 현장에서 전력에 해당하는 인재를 육성하려면 업무를 '발주한다'는 느낌으로 정보 제공과 더불어 적절한 지시를 내려야 한다. 이를 위해서 지시 내용의 핵심 사항을 항목별로 메모하여 정리하는 것이 '업무 의뢰를 위한 메모'이다.

다음에 그 구체적인 항목을 나열했으므로 참고하길 바란다.

업무 의뢰를 위한 메모 항목

· 주제

· 발주일

· 우선순위

· 내용

· 언제까지(기한)

· 어떤 식으로

- 어떤 순서로(방법, 진행 방식, 참고 자료 등의 보관 장소를 알려준다. 일을 진행하는 데 도움이 되는 방법이 있다면 그것도 함께 전달한다)
- 주의 사항(자신이 지시한 일을 한다고 가정했을 때 가장 효율적으로 처리할 수 있는 방법을 항목별로 정리해서 적어둔다)

❸ 상사의 지시를 기록하는 메모

상사의 이야기를 들을 때는 앞에서 소개한 '업무 의뢰를 위한 메모'의 항목을 빠짐없이 꼼꼼하게 메모한다.

나아가 상사가 하는 말을 한 마디도 놓치지 말고 받아적도록 한다.

부하 직원의 임무는 상사의 지시를 충실하게 수행하는 것이다. 그러려면 상사가 무엇을 원하는지 정확하게 파악해야 한다.

회사에서 살아남는 능력, 나는 이것을 '재사 능력(在社能力)'이라고 한다. 조직에 몸담고 있는 동안은 회사가 지향하는 방향과 같은 쪽으로 나아가는 것이 비즈니스맨의 기본자세임을 명심하라.

❹ 회의할 때의 메모

회의할 때의 메모에서는 '요점을 메모하는 것'이 핵심이다.

이렇게 하려면 미리 자신만의 '틀'을 만들어두어야 한다. '틀'이 없으면 '무엇을 어떻게 메모할까……'하고 생각하는 사이 중요한 내용을 놓칠 수 있다.

단순히 서로 의견을 나누는 회의에서는 집중해서 들은 부분과 인상적인 내용 이외의 사항은 단 몇 시간 안에 사라질 가능성이 높다.

회의를 한 지 하루가 지난 후에 "그런 말을 한 것 같긴 한데, 구체적인 내용은 하나도 기억이 안 나요."라고 말하는 사람을 자주 본다. 이 기억나지 않는 부분에 중요한 내용이 포함돼 있을 수도 있다. 미리 메모의 틀을 만들어두면 기록에 누락되는 부분이 사라진다.

다음에 초보적인 메모 형태를 정리했다.

회의 중에는 아래를 보며 참고하여 받아적는 데만 집중하지 말고, 말하는 사람의 얼굴을 보면서 메모할 수 있도록 기본자세를 훈련한다.

· 오늘 회의에서 이야기 나눌 주제, 항목을 미리 적어둔다.
· 각 항목별로 기입할 공간을 충분히 비워둔다.
· 핵심 문장으로 기입한다.
  예컨대 '고객에게 DM 발송', '성향별로 고객 분류', '이번 달 안에 DB(데이터 베이스) 정리' 등 자신만의 암호로 메모한다.

이 항목들을 가지고 메모하기 쉽도록 정형화된 양식을 만들어둔다.

공책을 사용한다면 한 페이지를 2~3등분하여 항목별로 기입하는 것도 한 가지 방법이다. 또한 회의나 토론을 하는 자리에서는 참석한 사람의 이름, 직함, 앞으로의 과제도 잊지 말고 기입한다.

자신이 느낀 점이나 인상에 남는 부분, 아이디어 등도 회의가 끝난 후에 반드시 메모하는 습관을 들인다.

:: 회의할 때의 메모

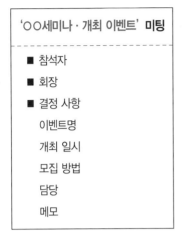

'○○세미나 · 개최 이벤트' 미팅

- ■ 참석자
- ■ 회장
- ■ 결정 사항
  이벤트명
  개최 일시
  모집 방법
  담당
  메모

❶ 큼직한 노트를 준비하여 참가자 수만큼 공간을 만들어 구분한다. 만약 6명이라면 각 페이지를 세로로 3등분하여 선을 그어둔다.

❷ 각 참석자의 의견과 그에 대한 찬성, 반대 의견 등을 발언자의 빈칸에 차례로 메모한다.

❸ 나중에 다시 읽어보며 중요 발언, 핵심 단어 등에 형광색 V펜으로 표시한다.

❺ **정보를 전달할 때의 메모**

동료와 되도록 많은 정보를 공유하도록 한다. 이때는 가공되지 않은 생생한 정보의 중요 핵심에 보충 설명을 달아서 건네주는 것이 중요하다.

새로운 정보를 얻고 싶다면 당신도 항상 정보를 발신해야 한다는 사실을 명심하라. '이 정보는 ○○부의 B군에게 알려줘야지.' 라고 생각했다면 내용을 복사해서 아무 말 없이 책상 위에 놓지 말고 되도록 직접 건네준다. 이렇게 하기 힘든 상황이라면 중요한 부분 등에 보충 설

135

명을 달고 '○○에 게재된 기사입니다. □□에 참고가 되었으면 좋겠습니다.' 라는 메모를 덧붙인다.

상대방에게 유익한 정보를 알려주면, 도움을 받는 쪽에서도 당신에게 신경을 쓸 것이다. 정보가 모이는 사람이 되는 비결은 상대방에 대한 이런 작은 배려에 있다.

❻ 메일을 보내기 위한 메모

'메일을 보내기 위한 메모' 는 이를테면 습작 메모에 해당한다.

쓸데없는 말을 나열해 메일 내용이 길어지거나, 반대로 용건만 전달하는 무미건조한 메일이 되는 사람은 메일을 쓰기 전에 전체적인 구성을 생각하며, 다음의 기본 사항을 확인한다.

이를 바탕으로 메모를 정리한 후에 메일을 쓰도록 하라.

메일을 보내기 위한 기본 정리 사항

· 상대방의 이름, 회사명, 부서

· 주제, 용건

· 무엇을 전달할 것인가? ⇒ 이것이 가장 중요하며 정리를 해야 할 부분이다.

· 어느 수준의 경어를 사용할 것인가?

· 상대방에게 정말 전달하고 싶은 내용(몇 가지 표현을 정리한다)

물론 비즈니스 메일의 기본적인 양식을 미리 갖추는 것은 필수이다.

사람의 뇌가 가장 쉽게 읽을 수 있는 문자 수는 28~32자이므로 한 행의 길이가 이를 넘지 않도록 한다. 40자, 60자로 길게 늘어지는 문장은 오히려 읽기 힘들다.

행간을 넓히거나, 연배의 사람에게는 글자 크기를 키우는 등 상대방에 대한 배려는 커뮤니케이션의 기본이다. 상대방이 읽기 쉬운 형태로 메일을 보내라.

❼ 이동 중에 하는 메모

복잡한 지하철이나 버스 안에서는 큼지막한 메모장을 꺼내기 힘들다. 살짝 꺼내서 재빨리 쓸 수 있도록 양복 상의 주머니에 들어갈 크기의 수첩을 준비하라. A4 크기의 종이 한 장도 괜찮다. 접어서 주머니나 지갑에 넣어두면 필요할 때 꺼내어 곧바로 메모할 수 있다.

어쨌든 언제, 어디서든 재빨리 메모할 수 있는 상태를 만드는 것이 중요하다.

또한 '○월 ○일 ○시, ○○호텔 로비에서 ㅁㅁ상사 △△△ 씨와 약속' 같은 오늘 필요한 정보를 시스템 수첩에서 발췌하고 작은 수첩에 메모하여 주머니에 넣는다. 그러면 '오늘 어느 호텔에서 만나기로 했더라?' 라며 기억이 애매할 때는 굳이 큰 수첩을 뒤적거리지 않고도 금방 확인할 수 있다.

메모를 잘 활용하는 사람은 언제나 필요한 정보를 곧바로 기록하고,

확인할 수 있는 사람이다.

❸ 출장지에서 경비 계산을 위한 메모

장기 출장에서 사용한 경비를 정산하는 작업은 결코 유쾌하지 않다. 게다가 영수증이 자꾸 쌓이면 귀찮아져서 나중에는 여기저기 쌓아두게 된다. 하지만 이런 귀찮은 일도 메모하는 습관을 통해 그 부담을 조금은 덜 수 있다.

사용한 경비 영수증이 있으면 날짜별로 엑셀에 입력하기만 하면 경비를 산출하는 정산 서류는 금방 완성할 수 있다. 하지만 영수증을 받지 못하거나(열차표 등은 자동판매기에서 영수증이 나오지 않는 것도 있다), 혹은 영수증을 발급받는 데 시간이 걸리는 경우도 있다.

IC카드 가운데는 부과된 요금 영수증이 나오기도 하고, 사용 내역 일람을 받아볼 수도 있지만, 출장에서 사용한 경비만 나중에 따로 찾아내는 일은 무척 번거롭다. 하지만 사용한 경비를 간단하게 메모해두면 나중에 정산하기가 쉬워진다.

작은 메모 수첩을 하나 가지고 다니는 방법도 있지만, 앞에서도 소개했듯이 나는 A4 크기의 종이를 작게 접어 지갑 안에 혹은 양복 주머니에 넣고 다닌다. 이렇게 하면 지하철에서 이동할 때나 택시를 탔을 때, 얼른 꺼내서 기록할 수 있다. 메모를 할 때는 왼쪽부터 적어 넣도록 한다.

경비 계산을 위한 메모 항목

· 날짜

· 용도(무엇에 사용할지)

· 금액

· 영수증 유무(나는 영수증이 있는 것에는 〈O〉, 없는 것에는 〈一〉로 표시

  한다)

시간이 있을 때는 오른쪽 윗부분에 합계 금액을 계산해둔다. 매일 이런 식으로 집계해두면 경비를 얼마나 사용했는지 쉽게 알 수 있다.

이 '출장 경비 계산을 위한 메모'는 개인적인 여행 등에서도 쓸데없는 지출을 억제하는 데 많은 도움이 된다.

여담이지만 나는 업무상 출장을 갈 때마다 시간이 나면 그 지역의 박물관이나 기념관 등을 방문한다.

그곳에서 역사에 나오는 위인, 혁명가나 위대한 업적을 남긴 사람 등 영웅으로 칭송받는 인물들 뒤에 숨겨진 또 다른 모습을 발견할 때가 많다. 그 가운데 하나가 그들 대부분이 아주 꼼꼼하게 일기를 적고, 금전 출납부를 기록했다는 사실이다.

위대한 업적을 달성하기 위해서는 하루하루 충실한 삶과 생계 문제 해결이라는 토대가 마련되어야 한다는 사실을 새삼 깨달았다.

경리 담당자가 출장비 정산을 재촉하기 전에 메모를 보면서 영수증을 정리하여 제출하라. 이 '경비 메모'가 바로 좌뇌의 능력만 활용한

가장 간단한 형태의 메모이다.

❾ 구매 목록

슈퍼마켓에서 돌아오자마자 "참! 그걸 샀어야 하는데!"라고 말할 때가 종종 있다. 더욱 황당한 것은 그 가게에 들렀으면서도 필요한 물건을 사오지 못했을 때이다.

예를 들면 전구나 형광등을 사러 갔는데, 와트 수나 형광등 길이가 생각나지 않아 빈손으로 그냥 돌아올 때 등이다.

반면에 가전제품 대리점이나 슈퍼마켓 등에 가서 매장을 둘러보다가 '참! 이게 떨어졌지!' 하며 필요한 물건이 떠오를 때도 있다. 또는 '다음에 사야지!' 하며 그냥 집에 돌아온 후에 '아까 사둘걸 그랬어.' 하고 후회하기도 한다.

당신도 이런 경험이 있을 것이다.

다시 말하지만 사람에게는 장기간 뇌에 담아두는 기억과 단시간밖에 담아두지 못하는 기억이 있다.

'기억했다'고 생각하지만, 뇌에서 완전히 삭제되기도 한다. '난 왜 이렇게 자꾸 잊어버리는 걸까?' 하고 스트레스를 받기도 한다.

나는 구매할 물품 목록을 작성하고 항상 휴대한다. 또한 가게에서 갑자기 사고 싶은 충동이 드는 물건도 목록에 덧붙인다. 지금 당장 사야하는 물건도 있을 것이고, '절약'하는 의미에서 세일을 기다리는 방법도 있기 때문이다.

'언제 구매할지', '무엇을 살지', '그것은 얼마인지' 등을 구체적으로 목록을 작성하여 좌뇌로 분석한다. 유익한 지출 혹은 투자와 효과에 대해 검토하는 것이다.

지금 당장 갖고 싶다고 해서 신용 카드로 구매하거나, 충동을 이기지 못하고 무리하게 자금을 빌리는 사태를 막기 위해서라도 구매 목록을 작성하여 항상 휴대하도록 한다. 이것이 바로 생활의 지혜를 위한 메모이다.

4 | 종합편

❶ 전달하는 메모

전달하는 메모를 할 때는 우뇌와 좌뇌를 모두 활용해야 한다. 먼저 좌뇌를 사용해서 '무엇을, 어떻게 전달할지'를 명확하게 해야 한다.

기본은 '지금 상대방에게 전달하고 싶은 내용은?'에서 시작하여 다음으로 '언제?', '그 방법은?' 등 어떤 행동을 할지 적는다. 이것은 공적인 용건이든 사적인 용건이든 마찬가지이다.

예를 들면 아내가 남편에게 '저녁 식사는 냉장고에 넣어두었어요. 전자레인지로 데워 드세요.', '저녁 때 ○○에 가요. ○시에 돌아올게요.' 등이다.

만약 젊은 커플이 이런 메모를 한다면 하트 표시가 그려져 있거나, '감기 걸리지 않게 따뜻하게 하고 가.' 같은 따뜻한 문구가 덧붙어 있을 것이다. 주의 사항 등은 다른 색으로 적거나 「 」(괄호 표시)를 해도 좋을 것이다.

나아가 일에서든 개인 생활에서든 우뇌를 활용하여 메모를 읽는 사람의 기분이나 상황을 떠올리면서 작은 배려가 되는 말 한마디를 덧붙이는 서비스 정신을 발휘하라. 한 장의 메모가 당신과 다른 사람을 이어주는 커뮤니케이션 도구가 되어줄 것이다.

전달해야 할 내용을 정확하게 알려주는 좌뇌적인 표기와 더불어 그것을 읽는 사람의 기분을 고려한 우뇌적인 배려를 덧붙인 글이 가장 이상적인 메모이다.

배우자가 집에 돌아와서 '나를 따뜻하게 맞아주는 것은 화장실 비데 밖에 없구나!' 하고 한탄하지 않도록 메모에 따뜻한 마음을 듬뿍 담아 전달한다.

❷ 커뮤니케이션을 위한 메모

사람의 뇌에는 다른 사람의 행동을 그대로 따라 하는 미러 뉴런(Mirror Neuron)이라는 신경 세포가 있다. 이 세포의 작용으로 상대방의 동작을 자신의 머릿속에서 재현하고 의도를 추측할 수 있다고 한다.

커뮤니케이션에서는 상대방의 마음(성격이나 정신 상태)을 이해하는 것이 매우 중요하다. 이렇게 다른 사람의 내면을 정확하게 이해하려면 그가 한 말과 대화할 때 자신이 느낀 점을 메모하면 효과적이다.

하이쿠에 대한 기술에서도 잠시 언급했지만 메모를 할 때 관찰자의 시점을 유지하는 것이 중요하다. 메모를 할 때는 그 목적이나 주관적인 요소를 철저하게 배제하고 그 시간, 그 장소, 그곳의 분위기를 있는 그대로 묘사하려고 노력한다. 상대방을 받아들일 수 있도록 먼저 자신의 마음과 머리를 마치 잔잔한 수면 같은 상태로 만드는 것이다.

그런 다음, 상대방의 생각이나 삶을 잔잔한 수면 위에 뭔가가 떨어져 파문이 퍼져 나가듯이 있는 그대로 '받아들인다'. 이런 마음가짐으로 메모를 해야 한다.

하이쿠 세계에서도 이 관찰자의 시각이 필수적인데, 이는 기록 문학에서도 마찬가지이다.

먼저 상대방을 정확하게, 그리고 객관적으로 바라보는 것이 기본이다. 이것은 좌뇌 메모에 해당한다. 또한 메모한 사실을 확인하는 절차도 중요하다.

자신이 메모한 사실이 무조건 옳다고 믿어서는 안 된다. 그것은 커뮤니케이션의 기본인 '상호 이해'의 원칙에 어긋난다. 커뮤니케이션을 하기 위한 메모는 상대방이 말한 내용을 그대로 기입하는 데서 끝나서는 안 된다.

심리학이나 정신과학을 공부한 사람이라면 모르지만 상대방이 무엇을 말하려고 하는지, 또는 정말 원하는 것이 무엇인지를 파악하기란 결코 쉽지 않다.

커뮤니케이션의 90퍼센트는 넌 버벌(Non-verbal, 말로 표현하지 않는 커뮤니케이션의 총칭)이라고 한다. 상대방이 무심히 내뱉은 말이나 내가 던진 질문에 잠시 스친 표정 변화, 의미 없어 보이는 몸짓 등을 기록함으로써 그 사람의 '잠재된 내면'을 읽을 수 있다는 것이다. 이때는 우뇌가 활약할 차례이다.

상대방과 더 깊은 커뮤니케이션을 하려면 이처럼 메모를 충분히 활용해야 한다.

우뇌와 좌뇌를 활용하는 메모는 상대방의 마음의 문을 여는 열쇠가 될 것이다.

❸ 상대방과 자신을 알기 위한 메모

상대방을 알기 위해서, 혹은 자신의 마음을 정리하기 위해서 언제든 손쉽게 메모할 수 있도록 자신만의 메모 양식을 만들어둔다.

당신에게 참고가 되도록 나의 메모 양식을 소개하겠다. 앞에서 여러 번 설명했지만 좌뇌의 언어 인식 능력은 왼쪽 페이지에, 우뇌의 감성과 정보 수집 능력은 오른쪽 페이지에 기록하는 형태이다.

사카토 켄지의 메모 양식

① 왼쪽 페이지에 상대방이 말한 내용을 기록한다.

② 오른쪽 페이지에는 자신이 느낀 점을 기록한다(이것은 대화하는 중에 실시한다).

③ 궁금한 사항이나 문득 생각난 점 등은 나중에 오른쪽 페이지에 덧붙인다.

④ 자신이 기입한 메모를 반복해서 읽으며 그때의 상황을 떠올리면서 알게 된 사실이나 추측 등을 적는다.

⑤ 나중에 내용을 덧붙일 때는 다른 색을 사용하여 적고, 정확한 날짜를 기

입한다.

· 처음에 기입할 때는 검정

· 다음에 기입할 때는 파랑

· 중요한 사항이나 핵심이 되는 부분에는 빨강

나중에 내용을 덧붙일 때는 메모를 한 날짜와 그 당시 자신의 상황 등도 함께 기입한다. 아무리 냉정하고 침착한 사람이라도 늘 한결같은 감정을 유지하기란 불가능하다. 메모를 다시 읽어보면서 자신을 냉정하게 분석할 수도 있다.

이상과 같은 메모의 흐름을 오른쪽 페이지에 그림으로 나타냈다. 이 그림을 복사하여 수첩이나 노트에 붙여두고 메모 지침서로 활용하길 바란다.

❹ 메모로 시작하는 지적 사고

TV 연속극 주인공 이름과 지난주에 방영된 줄거리를 제대로 기억하지 못하면 그 연속극을 제대로 즐길 수 없다. 연속극은 1, 2회분만 놓쳐도 드라마의 이야기에 몰입하기 어려워지는데 이 또한 같은 이치이다.

뭔가를 기억하고 그 기억을 되살리는 활동은 드라마뿐만 아니라 세상을 '재미있게' 보기 위한 기본 원칙이다.

특히 비즈니스맨은 자신의 업무를 매일 어쩔 수 없이 해야 하는 작업이라 생각하지 말고, 자신이 '인생'이라는 드라마의 주인공이라고 설

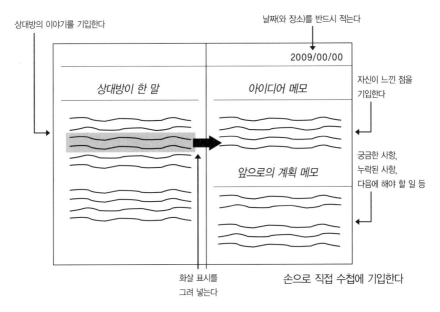

상대방의 이야기를 기입한다

날짜(와 장소)를 반드시 적는다

2009/00/00

상대방이 한 말

아이디어 메모

자신이 느낀 점을 기입한다

앞으로의 계획 메모

궁금한 사항, 누락된 사항, 다음에 해야 할 일 등

화살 표시를 그려 넣는다

손으로 직접 수첩에 기입한다

중요한 부분에는 표시를 해둔다

참고

색인을 붙이는 것이 비결!

핵심 내용

내일 제출

마케팅 플랜을 작성해야 한다

상대방과 자신을 알기 위한 메모

정해본다.

현재 자신의 주변에서 일어나는 일을 기록하고, 일어날 수 있는 일을 추리하여 시나리오(줄거리)를 작성한다.

범인과 수재의 차이는 기록으로 남기는 능력, 기억을 불러오는 능력의 유무, 그리고 그것을 일련의 이야기로 구성할 수 있는지에 있다.

우뇌와 좌뇌를 활성화시키면서 이런 지적 사고를 즐겨보라.

❺ 기획서 작성하는 법

비즈니스 현장에서 자신이 제안한 아이디어를 듣고 상사가 "정식으로 기획서를 작성하여 제출하게."라고 지시할 때가 있다. 기획서에는 그 아이디어를 활용해 목적을 달성할 수 있는 방법과 체계, 일정과 역할 분담, 비용과 경비 견적 등을 알기 쉽게 정리해야 한다.

'기획서를 쓴다' 는 것은 '다른 사람이 읽어서 알 수 있는 문서' 로 작성한다는 뜻이다. 좀 더 간단하게 말하면 기획서는 자신의 생각이나 발상을 상대방에게 정확하게 전달하기 위한 메모의 집합체다.

여기에서는 기획서를 쉽게 작성할 수 있는 메모 비법을 소개하겠다.

∷ 간단한 기획서 작성 방법(예)

목적은 →	의뢰인이 요구하는 사항을 제안, 정보 발신, 조사 보고 등
방법은(내용)→	목차 작성, 요소 수집

방법은(제출 형태) →	A4 크기(4P~6P 분량부터)
그 내용과 형태는(예) →	영업 사원이 매월 한 번씩 모여 정보(보고서, 문장)를 나눈다.
작성 방법은(체계) →	리스트로 정리해 우선 순으로 분량을 결정한다. 또는 핵심 내용에만 집중하여 결정한다.
정리 방법은 →	문장, 그림, 도표, 그래프 등 첨부 자료를 준비

위의 예는 어디까지나 기획서 작성을 위해 메모하는 순서이다. 메모하는 방법의 한 예로 참고하라.

즉 '그럴듯한 기획서를 써야 한다' 며 부담스러워 하지 말고 메모하듯이 정리하라는 것이다.

주변에서 기획서를 잘 쓰는 사람을 보면 형식에 구애받지 않는다. 너무 거창하게 생각하지 말고 기획서를 그저 '생각을 정리한 메모' 정도로 생각하라. 솔직 담백하게 기획서를 써나가라. 여러 번 반복하다 보면 누구나 익숙해진다.

나도 기획서를 작성하기가 쉽지 않았다. 그래서 그 벽을 넘기 위해 이 방법을 고안했다. 당신에게 조금이나마 도움이 되었으면 좋겠다.

뇌를 단련하는 방법

1 | 두뇌 트레이닝으로 속도와 힘을 기른다

요즘 '두뇌 트레이닝'이라는 말을 자주 접한다. 하지만 아무리 단련해도 자신이 타고난 대뇌(기본 소프트웨어) 자체를 업그레이드할 수는 없다. 즉 뇌를 단련한다고 해서 아무도 생각해내지 못한 아이디어가 툭 튀어나오거나, 예전에 없었던 획기적인 그림을 그리거나, 히트 곡을 쓸 수 있게 되는 일은 불가능하다는 뜻이다.

하지만 최근 뇌 과학자의 연구에 따르면 뇌를 사용하고, 지속적으로 자극을 주면 뇌의 속도(뇌의 회전)와 힘(기억력)을 강화할 수 있다고 한다.

PC에 비유하면 지속적으로 이 도구를 사용함으로써 일상적인 업무의 작업 속도를 높이는 것이다. 사람의 뇌도 마찬가지로 사용 방식에 따라 학습 능력이 향상된다고 한다.

뇌 과학자들은 "뇌를 단련하려면 매일 뇌를 사용하는 방법밖에 없다."고 한다. 당연하다. 가만히 앉아서 뭔가를 단련할 수는 없다. 매일 땀 흘리며 근육 트레이닝을 하듯이 종이와 펜을 사용해서 문자를 쓰고, 생각하는 과정을 거쳐 뇌를 단련할 수 있다. 펜과 종이는 뇌를 단련하고, 힘을 증강시킬 수 있는 훌륭한 트레이닝 수단인 것이다.

그렇다면 오늘 당장 시작할 수 있는 두뇌 트레이닝 방법을 한 가지 소개하겠다. 바로 끊임없이 질문을 던지는 방법이다. 이른바 '왜? 왜? 사고법'이다.

예를 들면, "비오는 날에 지하철역 계단에서 신발이 미끄러지는 것은 왜일까?"라는 질문에 대답해보자.

"계단이 비에 젖었기 때문이지.", "그렇다면 왜 물에 젖으면 미끄러울까?", "신발과 계단 사이에 수막이 생기기 때문이지.", "그렇다면 왜 수막이 생기면 미끄러울까?"

이런 식으로 생각하다 보면 비에 젖어도 잘 미끄러지지 않는 신발이나 기존의 신발을 신어도 잘 미끄러지지 않는 계단을 발명할 수도 있다. 이 방법은 대단히 수리적인 계통으로 좌뇌적 그리고 과학적인 분야를 단련시킨다.

종이에 적으면서 이 사고방식을 훈련하면 다양한 시각으로 어떤 현상을 바라보게 되어 사고를 깊고, 체계적으로 구축할 수 있다.

메모를 시작해도 지속하지 못하는 사람은 한번 다음의 주제를 가지고 '왜? 왜? 사고법'을 실시해보라.

"왜 당신은 메모를 하려 하는가?"

"왜 당신은 꾸준히 메모를 지속하지 못하는가?"

2 | 요리로 뇌세포를 활성화시킨다

뇌세포를 활성화시킬 수 있는 가장 좋은 방법은 요리를 만들어 누군가에게 대접하고, '맛있다'라고 칭찬받는 것이다. 이때 뇌 안에서는 뇌를 활성화하는 데 가장 효과적인 아드레날린이라는 물질이 분비된다고 한다.

이런 구조는 원시 시대부터 시작되었다고 말하는 사람도 있다. 사냥해온 포획물을 가족과 동료들이 '맛있게' 먹는 모습을 보면서 아드레날린이 나오게 되었다는 주장이다. 또한 이 아드레날린의 작용으로 또다시 사냥을 해오고 싶은 충동이 든다고 한다.

건강한 뇌로 오랫동안 현역에서 활약하고 싶다면 오늘부터 맛있는 요리를 만들어 자신의 소중한 사람들에게 대접해보라.

3 │ 컨센트레이션으로 집중력을 높인다

이미지 트레이닝으로 집중력을 높이려면 컨센트레이션(Concent ration)도 필요하다. 컨센트레이션이라는 단어에는 '정신 집중'이라는 의미도 있지만 또 하나 '농도'라는 뜻도 담겨 있다.

대다수의 운동선수는 이미지 트레이닝과 컨센트레이션을 실시한 후에 시합에 임한다.

예를 들면 육상 선수가 출발 지점에 서서 마지막 도착 지점에서의 피니쉬 순간을 머릿속으로 그리는 것은 '이미지 트레이닝'이지만, 어떤 상황에서도 '자신만의 세계' 또는 자신이 목표로 하는 장면 등을 머릿속으로 재현할 수 있는 능력은 '컨센트레이션'이다. 운동선수들은 이를 위해 정신 집중 훈련을 통해 승리의 장면을 강하게 입력한다.

특정한 시간에 집중하여 공간과 의식, 생각을 응축시키는 기술이 바로 컨센트레이션이다. 이를테면 2시간이면 읽을 수 있는 소설 속에 한 인물의 일생이 응축되어 있는 것과 같은 이치다.

그렇다면 컨센트레이션을 하고 있을 때 뇌가 어떻게 움직이는지 살펴보자. 이미지 트레이닝은 실제 시합에서 사용되는 뇌의 부위를 활성화시킨다. 그리고 이 활동을 여러 번 반복하면 컨센트레이션이 가능해지므로 실제 시합에서도 몸이 훨씬 쉽게 반응한다.

이것은 비단 운동선수에게만 해당하는 것은 아니다. 토론이나 기획 회의 등에서도 사전에 이미지 트레이닝을 실시하여(무엇을 어떻게 이야기할지, 또는 질문할지 등) 컨센트레이션을 해두면, 실제 상황에서 사용하는 뇌의 부위가 활성화되어 반응과 대응이 빨라진다.

집중력이 높아지면 무엇이 중요한지, 무엇을 메모해야 할지를 저절로 알게 된다. 나머지는 몸이 반응하는 대로 메모하면 된다.

또한 집중해서 듣고 메모한 내용을 나중에 대충 훑어보기만 해도 쉽게 전체적인 윤곽을 떠올릴 수 있다. 메모를 통해 그 기억이 장기 기억으로 보존되었기 때문이다.

집중력이 높아진 상태에서는 신기하게도 메모를 하지 않아도 며칠 동안은 1~2시간 정도의 대화 내용을 생생하게 떠올릴 수 있다.

4 | 스파인이라는 뇌의 신경 경로를 활성화시킨다

몇 년 전에 '몸이 유연한 사람은 뇌도 유연하다.'는 사실이 밝혀진 바 있다. 이는 뇌의 신경 경로인 스파인(Spine)이라는 조직이 고관절 조직과 동일한 형태로 이루어져 있다는 사실을 통해 증명할 수 있다고 한다. 고관절이 경직된 사람은 뇌의 스파인이라는 조직도 딱딱해져서 두뇌 활동이 저하된다는 것이다.

승려는 좌선을 하기 때문에 고관절이 유연하므로 뇌의 스파인도 활성화되어 뇌를 항상 건강한 상태를 유지한다고 한다. 이런 까닭에 승려 가운데에 치매를 앓는 사람이 적다고 한다. 실제로 나는 지금까지 치매에 걸린 승려를 본 적이 없다.

여담이지만 좌선의 호흡법은 신체와 감정을 건강하게 하는 세로토닌(Serotonin) 신경도 활성화시키기 때문에 심신의 건강을 유지하는 데 매우 좋다고 한다.

'온고지신'이라는 말이 있듯이 오래전부터 전해져오면서 체계화된 양식에는 현대 과학에 필적할 만한 진리가 담겨 있다.

자신이 원하는 미래를
손에 넣을 수 있는 메모

1 | 예전의 메모를 통해 새로운 발견을 할 수 있다

자신이 초등학교 시절에 쓴 문장을 다시 읽어본 적이 있는가? 청년 시절에 첫사랑에 빠졌을 때 썼던 일기나 글도 괜찮다.

그 글들을 다시 읽으면 당시의 감정이 되살아나 자신 안에서 퍼져 나가는 듯 느껴질 때가 있다. 혹은 새로운 발견을 하기도 한다. 어른이 된 후에도 소중하게 지키고 싶었던 것이나 비즈니스 아이디어, 기획서에 쓸 만한 소재들을 발견하기도 한다.

마찬가지로 지금 수첩에 당신이 적으려고 하는 내용이 일 년 후, 혹은 단 며칠 뒤에 당신에게 '뭔가'를 가져다줄 수 있다. 그 '뭔가'는 당신이 생각하는 이상의 것일 수도 있다.

또한 어제 저지른 실수를 오늘의 '반성'을 담아 기록하면 몇 년 후에 어떤 일을 이루려 할 때 큰 용기를 줄 것이다.

실패한 경험을 글로 적는 순간, 그 실패는 긍정적인 요인으로 작용하기 시작한다. 자신의 실패를 기록하는 과정을 통해 실패하지 않는 방법을 학습할 수 있기 때문이다.

2 | 꾸준히 메모하면 미래가 보인다

메모, 즉 기록을 꾸준히 지속하면 '미래'를 볼 수 있다.

또한 어떤 일이 일어나는 주기와 상호 관계 등이 명확하게 드러난다. 자신의 생각과 느낌을 문자로 기록하고, 그것을 자신의 눈을 통해 뇌로 확인하는 작업을 실시함으로써 '개성'이 확립되고, 재능도 꽃을 피우게 된다.

사람은 각자 자신만의 색깔이 있다. 옅은 핑크색을 띤 사람, 선명한 붉은색을 띤 사람, 때에 따라 변화무쌍하게 색깔을 바꾸는 사람 등. 메모를 통해 자신을 객관적으로 바라봄으로써 자신이 무슨 색깔인지 알 수 있다. 자신을 확인할 수 있는 메모가 축적됨에 따라 '나라면 어떻게 할까?'라며 미래를 예측하게 된다. 이런 과정이 반복되고 축적되면서 뇌가 단련되고 활성화된다.

지금 눈앞에 있는 문제의 해결책을 고민하다가 '그럼 다음번에는……', '어쩌면……'이라며 뭔가 좋은 아이디어가 번쩍 떠오를 수도 있다.

3 | 미래의 자신을 창출한다

여러 기업에서 연수나 트레이닝을 하면서 느낀 것인데, 뭔가를 달성하겠다는 강한 의지를 가진 사람이 의외로 적다. '즐겁게 일하고 싶다.', '다른 사람을 짓밟으면서까지 출세하고 싶지 않다.', '경제보다 조화를 추구하겠다.' 등의 이유가 많았다.

하지만 이렇게 해서 과연 치열한 경쟁 사회에서 살아남을 수 있을까? 4,50대가 되어서도 자신의 가족을 지킬 수 있을지 의문이다.

우리 세대의 사람들은 좋든 싫든 경쟁 사회 속에서 욕망과 목표를 향해 쉴 새 없이 달려왔다. 그 결과 경쟁력 있는 조직과 기업을 창출했고, 세계와 경쟁할 수 있는 경제를 구축했다.

그러나 이제 그 세대들이 은퇴하자 업무 기술과 비법이 다음 세대로 계승되지 않는 현상이 사회 문제로 대두되었다. 나는 그보다 더 큰 문제는 회사와 사회를 앞으로 끌고나가려는 '추진력'이 사라진다는 데 있다고 생각한다.

3,40대 당신! 우아한 어른이 되는 것은 조금 뒤로 미루고 자신을 단

련할 수 있는 '달성 목표'를 세우고 그 목표를 향해 매진하라.

미래의 모습이 분명하게 그려지는 사람은 자연스럽게, 그리고 무의식적으로 그 목표를 향해 나아간다. 하지만 미래의 자신을 그저 막연하게 머릿속으로만 그린다면 '언젠가 그렇게 되면 좋겠다.' 정도의 모호한 상태에 머무를 뿐이다.

다음의 사항을 메모로 적어보라.

전도유망한 당신이 앞을 향해 전진하는 모습이 너무나 기대된다.

미래의 자신을 그리며 메모하기

① 어떤 곳에 사는가?

② 주변에 어떤 사람이 있는가?

③ 어떤 식으로 아침에 일어나는가?

④ 어디에 가고 싶은가?

⑤ 어떤 일을 하는가?

⑥ 그때 어떤 표정으로 있었는가?

⑦ 누구와 무엇을 하려고 하는가?

⑧ 그 다음에는 또 무엇을 하고 싶은가?

4 | 자극을 주는 문구를 잘 보이는 곳에 붙여둔다

자신에게 활기를 주는 문구를 자신을 위한 광고로 삼아 붙여둔다. 이 것은 자신이 원하는 미래를 얻기 위한 방법 가운데 하나이다.

또 자신이 원하는 것이나 이루고 싶은 목표의 표본이 될 만한 사진(되도록 실물 사진)을 구한다.

예를 들어 차를 갖고 싶다면 그 차의 카탈로그를 구해, 그 사진을 축 소해서 항상 가지고 다니는 수첩에 붙인다. 카탈로그에 나온 큰 사진 은 눈에 잘 띄는 곳에 붙인다. 현관문 안쪽도 좋고, 거울 한쪽 귀퉁이에 꽂아두어도 좋다. 이렇게 함으로써 그것을 얻고자 하는 마음을 항상 다질 수 있다. 이런 식으로 목표를 향해 노력하다 보면 결과적으로 자 신이 원하는 것을 손에 넣게 된다.

눈앞의 당근인 셈이지만 사람도 동물이다. 가장 직접적이고 쉬운 방 법이 아닌가.

5 | 해야 할 일을 구체적으로 적어둔다

　최근 여러 기업과 공기업에서 조직적인 은폐 행위를 하여 사회 전체를 떠들썩하게 한 사건이 있었다. 왜 이렇게 중요한 문제들을 '나중으로 미루는 행태'가 사회에 만연한 것일까?

　이 배경에는 국가 전체를 이끌어가는 공무원들의 잘못된 관행이 작용했기 때문이라고 말하는 사람도 있다.

　그렇다면 과연 어떤 사람이 공무원(어려운 국가 고시를 통과한 사람)이 되는 걸까?

　그들은 국내 최고의 국립 대학을 나온 이른바 '머리가 좋은 수재'로, '시험마다 높은 점수'를 받아온 사람들이다. 높은 점수를 받으려면 우선 쉬운 문제부터 풀어야 한다. 그리고 가장 '중요한 문제'(점수를 따기 힘든 문제)를 맨 마지막에 푼다. 이러한 확실한 점수 따기 습관이 현재에도 공무원들의 관행으로 굳어진 것이 아닐까.

　'어려운 문제를 나중으로 미루는 행태'는 최고 국립 대학을 졸업한 관료들이 50년 이상 구축한 결과물인 셈이다.

그러고 보면 나라의 조직과 체계, 구조에 그들의 기본자세가 그대로 배어난다.

그러면 어떻게 해야 이런 잘못된 관행에서 벗어날 수 있을까?

이를 위한 간단한 방법을 알려주겠다.

어려운 일, 자신에게 벅찬 일이 무엇인지 항상 염두에 둘 수 있도록 '해야 할 일 10가지'를 적어둔다! 그리고 이 '해야 할 일'을 하지 않았을 때 발생할 수 있는 최악의 상황을 그려본다.

최우선 과제를 하지 않았을 때 일어날 수 있는 상황을 머릿속으로 그려봄으로써 가장 중요한 일부터 먼저 하는 습관을 들인다. 여기에서 중요한 것이 해야 할 일에 우선순위를 매기는 것이다.

'지금 할 수 있는 일부터 한다.'는 말은, 얼핏 적극적인 듯 보이지만 실제로는 전혀 도전하려 하지 않는 의식이 깔려 있다. 이제 이런 비즈니스맨의 가면을 벗어야 할 때가 왔다. 지금의 시대는 가장 필요한 일부터 용기 있게 시작하는 자세를 요구한다.

변화를 두려워하는 폐쇄적인 사회를 가만히 들여다보면 예외 없이 그 안에는 뿌리 깊은 관료주의가 자리 잡고 있다.

'지금 내가 무엇을 해야 할지'를 생각하고 매일 메모부터 시작하라. 먼저 '해야 할 일 10가지'를 매일 적는다. 반드시 10가지를 채워야 한다. 여기에서 분명 무언가를 발견하게 될 것이다.

6 | 셀프 디렉션을 위한 업무 목록

셀프 디렉션(Self-Direction)을 하려면 눈에 잘 띄는 곳마다 자신이 해야 할 일을 떠올릴 수 있게 메모를 붙여두면 좋다.

비즈니스맨이라면 자신이 오늘 또는 내일 해야 할 업무 목록, 이른바 워크 리스트(Work List)를 작성한다.

단, 셀프 디렉션을 지속하려면 10가지 항목 가운데 5~6개 정도만 실천해도 좋다는 마음가짐이 필요하다. 너무 욕심을 내다가 그 목표를 모두 실천하지 못하면 자기 자신을 책망하기 때문이다. 또한 자칫하면 자기혐오에 빠져 계획을 세우지 않게 되고, 결국은 내일 일정조차 적지 않게 되기도 한다.

그러므로 목표를 낮추고 자신이 결정한 사항 가운데 한 가지라도 실천했다면 "한 가지라도 해냈다!"며 자신을 칭찬한다. 10개 가운데 5개를 해냈다면 "굉장한데!"라고 말하며 자신을 격려한다.

업무 목록은 자신을 위한 지침서이다. 메모에 적힌 사항을 실행하기 위한 코치가 되어줄 것이다.

7 | 셀프 체크하는 습관을 들인다

비즈니스에서 다양한 기술 능력을 향상시키려면 어느 일정한 수준에 오를 때마다 항상 자신을 점검하고 반성해야 한다.

그리고 더 앞으로 발을 내딛기 위해서 다음 단계로 나아갈 수 있는 힘을 길러야 한다.

이는 계단에서 중간에 나 있는 층계참처럼 지금까지 올라온 경로를 확인함으로써 현재 자신의 위치를 알 수 있게 한다. 말하자면 이곳에서 한숨 돌리는 것이다. 마음에 여유가 없는 사람일수록 이렇게 때때로 멈춰 서서 메모를 해야 한다.

한 가지 일을 끝내고 나서 다음 일을 시작하기 전에 잠시 틈을 내어 메모를 하며 자신을 돌아보는 시간을 가짐으로써 현재 자신이 어느 수준에 있는지를 확인할 수 있다.

메모든 정리든 기본적인 기술이 몸에 익숙하지 않는 사람들의 공통점은 '끈기'가 없다는 것이다. 시작만 하고 지속하지 못하는 사람은 일정 속에 그 일을 포함시킨다.

그것이 메모라면 하루에 한 번은 메모를 다시 읽는 시간을 비워둔다. 그것이 정리라면 일주일에 한 번 파일을 정리하고 책상을 청소하는 날을 정하는 것이다.

'그날', '그 시간'을 미리 정하면 셀프 체크(Self Check)도 꾸준히 실행할 수 있다.

어느새 마음이 정화되고 강해진다.

8 | 우뇌와 좌뇌를 활용한 일기를 쓴다

❶ 달력에 일기를 적었던 어머니

병으로 입원해 있던 어머니는 항상 달력에 뭔가를 기록하셨다.

한때, 자택 요양을 하기 위해 어머니를 집으로 모시면서 청소를 했는데, 서랍에서 메모가 적힌 달력들이 수북이 나왔다.

내가 "이 오래된 달력들 버려도 돼요?"라고 묻자, 어머니는 "아아, 그건 나중에 일기장에 정리해야 하니까 그냥 둬. 시간이 지나면 무슨 일이 있었는지 기억이 안 나니까 우선 달력에 적어둔 거야."라고 했다. 하지만 그 달력에 적힌 메모들을 미처 일기장에 옮겨 적지 못한 채, 결국 어머니는 돌아가시고 말았다.

예전에 어머니가 건강하실 때 쓰신 일기와 달력에 적힌 메모들을 다시 읽어보면서 자신의 기분이나 건강이 어떻든 상관없이, 우리 형제에게 한결같은 애정을 쏟으며 작은 행사 하나까지 챙기신 어머니의 세심한 배려(사랑)를 느꼈다.

그동안 자식과 손자들뿐만 아니라 친척들의 경조사와 명절에 보낼 선물까지 한 번도 거르지 않고 챙기셨다.

나는 일기를 쓰지 않는다. 하지만 잊지 말아야 할 사항은 반드시 글로 적는다. 방법이나 형식은 아무래도 좋다. 자신에게 그리고 자신과 자신을 지탱해주는 가족과 주위 사람들을 위해 결코 잊지 말아야 할 사항은 반드시 메모하라.

먼저 'ㅇ월 ㅇ일, 오늘은 맑음. 조금 기운이 없다.' 여기까지는 좌뇌를 활용한다. 그리고 그 다음은 우뇌로 왜 기운이 없는지, 그 이유를 적는 것이다.

일기는 우뇌와 좌뇌로 기록하는 생활의 역사이다. 일기는 자신의 성장사인 셈이다.

일단은 자신의 말로, 자신이 살아 있다는 증거라고 할 수 있는 마음의 움직임을 적어가는 데서 시작해보라.

어머니는 나에게 '하루의 생활을 메모하는 것'의 중요성을 가르쳐주셨다. 업무적인 메모밖에 하지 않았던 나도 어머니를 본받아 일기장을 한 권 마련했다.

❷ 마음을 투영하는 트레이닝

예전에는 일기를 쓰는 사람이 많았다. 하지만 지금 내 주위에 있는 사람들에게 "일기를 씁니까?"라고 물으면 "'일간 보고서'는 쓰지만 제 개인적인 일기는 쓰지 않는데요."라거나 "블로그는 쓰지만 일기장은 없어요."라는 대답이 돌아온다.

'일기라는 마음의 메모'를 통해 정신적인 균형을 잡을 수 있다.

그날의 날씨와 있었던 일, 자신이 만난 사람이나 실제로 일어난 일을 일기에 적는 것만으로도 이전까지 깨닫지 못한 진실을 발견할 때가 있다.

또한 당시의 느낌이나 복잡한 상황을 하나하나 적는 사이 그것을 객관적으로 바라보게 된다. 이렇게 일기장에 글을 적는 습관이 생기면 자신의 생각을 논리적으로 털어놓을 수 있게 된다.

사람에게는 마음이라는 것이 있는데, 그것은 제삼자가 이해할 수 있는 말로 바꾸지 않으면 전달할 수 없다. 매일 일기에 자신의 생각을 적으면 이 능력이 길러진다.

일기를 마음을 투영하는 훈련이라고 생각하라. 일기를 쓰고, 일기에 적힌 문자를 다시 읽음으로써 당신의 우뇌와 좌뇌가 활성화된다. 일기에 적힌 문장을 다시 읽으면 당시의 심리 상태를 재인식하고 회상할 수 있다. 이는 좌뇌의 작용이다.

'아, 그때는 이렇게 생각했었지.' 하고 일기(마음의 메모)에 적힌 문자를 눈으로 좇아가는 사이 말로는 표현할 수 없는 묘한 기분에 사로잡히기도 한다. 이것은 우뇌의 작용이다.

이렇게 일기를 통해 우뇌와 좌뇌를 자극함으로써 자연스럽게 균형감각이 생기는 것이다.

이 마음의 메모(일기)는 핵심 단어와 문장의 나열이 아닌, 조금 긴 문장으로 써야 한다. 그리고 일기를 쓰는 환경(시간과 공간)을 생활 속에 정착시켜야 한다.

운동을 하려면 공간이 필요하듯이 마음을 인식하려면 문자와 종이가 필요하다. 그리고 차분히 앉아 있을 수 있는 장소, 공간이 필요하다.

인터넷 블로그가 아닌 자신의 손으로 글자를 기록하는 데 더욱 의미가 있다. 일기라는 수단은 자신의 느낌과 생각, 그 원인, 심리 등을 매일 확인할 수 있는 유일한 방법이다.

일기를 꾸준히 쓰고, 다시 읽어보는 과정을 통해 다음과 같은 부분에서 변화하는 자신을 경험할 수 있을 것이다.

· 사물을 보는 시각

· 자신의 생각

· 감정에 대한 인식

· 인생에 대한 견해

요즘 우울증을 앓는 사람이 증가하는 추세이다. '마음'이라는 눈으로 보이지 않는, 손으로 만질 수 없는 세계에서 일어나는 일들을 그대로 방치하면 감당하지 못하는 사태를 맞이하고 만다.

몸처럼 마음도 일단 손상되면 치유하는 데 많은 에너지와 시간이 필요하다. 원래의 상태로 되돌아가지 못할 수도 있다.

최근 이런 사람들이 부쩍 증가하는 현상을 보며 사람들에게 일기가 많은 도움이 될 수 있을 거라는 희망으로 다음에서 다루어보았다.

마음이 우울해지면 유연함을 잃기 전에 일기를 쓰는 방법으로 '마음'을 정리해보라. 일기를 통한 '마음의 정리법'은 자신을 편안하게 만들어주는 최고의 수단이다.

❸ 글로 적으면 마음이 정리되고 강해진다

슬플 때, 쓸쓸할 때, 사람은 종종 자신의 기분을 주체하기 힘들 때가 있다. 어떻게 해야 좋을지 모를 때는 펜을 들고 자신의 심리 상태를 종이에 적어본다.

굳이 '일기'가 아니어도 좋다. 어쨌건 종이에 자신의 미래를 생각나는 대로 적으면 된다. 여기저기 흩어져 있는 마음의 조각을 하나하나 끼워 맞추듯이 하얀 종이 위에 적는다.

순서 따위는 아무래도 좋다. 그저 머리에 떠오르는 대로 적으면 된다. 대충 적고 나면 자신이 적은 내용을 다시 읽어보고 마음속에 새롭게 떠오른 풍경이나 정경을 덧붙인다.

우뇌를 사용하여 적은 내용을 좌뇌로 냉정하게 분석하고, 좌뇌로 활용해 항목별로 정리한 내용을 우뇌로 영상화시켜 본다. 하얀 종이 위를 자유롭게 활용하라.

본래 마음은 무한하고 자유로운데, 어떤 충격을 받으면 그 영역이 좁아지고 얕아진다. 좁고 답답한 공간을 다시 원래의 무한한 공간으로 되돌리기 위해 글을 쓰는 것이다.

예전에는 흔히 일기를 통해 이런 자정 작용을 해왔다.

다른 사람과의 대화나 교류를 통해 마음을 치유받을 수 있는 사람이라면 괜찮지만, 내성적인 사람은 이런 식으로 글을 적는 행위를 통해 마음을 정리하고 청소하도록 한다.

글로 옮기는 과정을 거치면 어느새 마음이 정화되고, 신기하게도 조금씩 마음이 강해지는 것을 실감할 수 있을 것이다.

꾸준히 지속함으로써
보이기 시작하는 것

1. 자신의 '깨달음'을 수첩에 정리한다   2. 꾸준히 지속하면 다음 전략이 보인다   3. 꾸준히
지속하는 비결

1 | 자신의 '깨달음'을 수첩에 정리한다

사람은 일종의 메모리칩을 가지고 태어난다고 생각한다. 이 메모리칩이 사람의 마음을 담당하고, 뇌라는 CPU(연산 장치) 기능과 사고방식이라는 OS가 사람의 감정과 기분이라는 기본 소프트웨어에 영향을 주는 것이 아닐까?

뇌는 그 사람의 정신세계에 내장된 메모리칩이 추구하는 것만 선별하여 모든 행동을 결정한다고 생각한다. 그래서 어떤 사람의 사고방식을 다른 누군가가 억지로 바꿀 수 없다는 것이 내 기본적인 생각이다. 다른 사람의 말이나 충고, 조언 등으로 그 사람의 사고방식(근본에 흐르는 생각)이 쉽게 변하지 않는 것이다.

그럼, 어떻게 해야 할까? 방법은 단 하나, 스스로 깨닫는 방법밖에 없다. 이 사실만 반드시 기억해라.

30여 년 동안 여러 업계와 회사에서 여러 사람을 만나면서 다른 사람에게 성실하고, 생활 속에서 항상 '깨달음'을 얻는 사람에게는 반드시 좋은 일이 생긴다. 좋은 일이 생기는 사람은 자신과 다른 사람에게 모두 성실하다.

사람은 혼자서 살아갈 수 없다. 회사는 단체전이며, 가족은 팀이다. 주위 사람들과 함께 즐겁게 살아가기 위해서도 '깨달음'은 중요하다.

깨달음은 인생과 잘 어울리며 살아가는 최고의 기술이다.

학교에서는 가르쳐주지 않은 많은 것을 메모를 통해 발견하라. 매일 생활하는 가운데에서 발견한 '깨달음'을 기록하고, 나아가 자신의 기분, 그리고 그것을 실행하기 위한 일정과 계획 등 당신의 현재 상황을 한 권의 수첩에 담아보라.

당신이 머릿속으로 그린 미래를 얻게 될 것이다.

2 | 꾸준히 지속하면 다음 전략이 보인다

이 책에서는 '이렇게 하면 성공할 수 있다!' 라고 강요하지는 않는다. 하지만 여기에서 소개한 방법을 꾸준히 지속하면 웬만큼 능력 있는 사람, 어디서든 크게 빠지지 않는 사람 정도는 될 수 있다.

최고가 되지 않아도 좋다. 당신의 근무처에서 중간 정도의 지점에서 힘을 비축하면 된다. 다만 자신의 수준을 끌어올린다는 마음가짐을 가져야 한다.

그러기 위해서는 무슨 일이든 꾸준히 지속하라. 그리고 '메모' 를 습관화하고 확인해야 한다.

누군가가 "'전략' 이란 해야 할 일을 하는 것일 뿐이다. 그리고 그것을 꾸준히 지속하는 것이다. 그러면 전술은 저절로 보인다."라고 말했다. 전술을 갈망할 뿐 지속하지 못하는 사람은 결코 성공할 수 없다.

이 책의 내용은 모두 기본적인 사항이다. 내용을 모두 완벽하게 실천했다면 이제 좀 더 지성과 감성이 뛰어난 인물이 쓴 책을 읽고 한 단계 더 올라가도록 한다. 더욱 많은 것이 눈에 들어올 것이다.

3 | 꾸준히 지속하는 비결

'끈기는 힘이다.'라는 말을 입버릇처럼 한다. 하지만 가만히 지속하려면 힘이 있어야 한다. 무슨 일이든 꾸준히 지속하려면 힘이 필요하다는 사실을 의식하라.

다음에서 '지속한다'는 사실을 항상 의식하기 위한 나름의 방법을 소개하겠다.

① 본다

이것은 끈기를 강조하는 문구를 종이에 써서 눈에 잘 띄는 곳에 붙여놓는 방법이다. 시각적으로 뇌에 전달되는 내용은 강렬하고 큰 정보로 작용한다. 입시 준비 등을 할 때 '모의고사 ○○○점' 또는 '합격' 등이라고 큰 종이에 적어 벽에 붙여두거나 선거전에서 '필승!', 영업부에서 '목표 ○○○원 달성!!' 등이라고 크게 붙여두는 것도 이런 이유에서이다. 고전적이지만 그만큼 효과가 있기 때문에 지금까지 계속하는 것이다.

뭔가를 바꾸고 싶은데 쉽게 바뀌지 않는 사람은 자신의 다짐을 담은 메모를 눈에 띄는 곳에 크게 써 붙여라.

② 듣는다

소리를 내어 읽으면서 자신의 귀에 들리도록 한다. 이를 반복하면서 청각적으로 뇌에 자극을 준다.

③ 적는다

자신의 생각, 해야 할 일을 적는다. 적는 행위는 사고하는 행위와 동일한 과정을 거친다.

④ 마음으로 생각한다

어떤 사항에 대해서 머릿속으로만 생각하지 말고, 마음으로 생각한다. ⇒ 이미지화(영상화)한다.

⑤ 실천한다

매일 직접 해본다. 1년 365일, 야구로 비유하면 맨손 스윙, 골프로 말하면 스윙을 지속하여 몸으로 직접 익힌다(경험한다는 의미).

⑥ 감사한다

마음으로 생각하는 것. 지금 존재할 수 있다는 사실에 '감사' 하는 마음을 깊이 되새긴다.

자신이 정한 맡은 일, 또는 하려는 일을 꾸준히 지속하는 것이 중요하다. 그리고 이렇게 꾸준히 실천하는 사이, 끈기가 생겨서 자신의 꿈을 실현하는 데 한 걸음 더 다가갈 수 있을 것이다.

꾸준히 지속하는 비결

❶ 본다

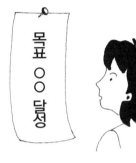

❷ 듣는다

❸ 적는다

❹ 마음으로 생각한다

❺ 실천한다

❻ 감사한다

맺음말

나는 내가 본 것, 들은 것 그리고 체험한 것을 중심축으로 하여 다른 사람과 이야기하고, 글로 표현한다.

내 체험을 바탕으로 이야기하기 때문에 대답하기 어려운 질문을 받으면 "잘 모르겠습니다."라고 솔직하게 대답한다.

뭔가 새로운 일에 도전할 때도 '쉽게 성공할 수 있는 일은 없어.', '금방 좌절할 수도 있어.' 라는 마음가짐으로 시작한다.

허세를 부리는 것은 가장 어리석은 짓이다. 그래서 '그 무엇도 쉽게 이룰 수 있는 것은 없어.' 혹은 '아직 절반도 도달하지 못한 거야.' 라고 되새기며 자만심에 빠지지 않도록 항상 경계한다.

그리고 그저 막연하게 '언젠가는 성공하겠지.' 라고도 생각하지 않는다. 반드시 기한을 정한다. 이것이 중요하다. 지금까지의 자신을 되돌아보며 "10년 안에 그 일을 해낼 수 있을까?"라고 스스로에게 묻는다.

대답은 "그건 불가능해!"다.

그럼, "몇 년 걸릴까?"라고 되묻는다.

다른 사람이 10년 걸리는 일이라면 나는 15년 정도 걸릴 것이라고 예상하고 계획을 세운다.

이런 식으로 타협점을 찾으면서 계획을 세워간다. 내 능력으로 가능한 기한까지 목표를 설정하는 것이다.

"이 상태라면 18년 정도는 걸리겠구나!"라고 계획을 세웠다면 그를 위한 실천 방법을 생각하고 실행한다.

결코 포기하지 않는다. 나는 포기하는 자체를 포기했다. 최근 들어 '한다면 반드시 하는' 내 의지를 높이 평가하는 사람이 많아졌다.

내 의지가 약해질 때는 신기하게도 누군가가 "그 일은 아직 하고 있나?"라고 물어본다.

뇌 분야의 과학자의 말을 빌리면 "뇌 안에 있는 '정보'는 살아 있다."라고 한다.

자신의 체험을 뇌 속에서 영상화하면서 이야기하면 자신이 체험한 세계를 실제로 중계하는 듯 생생하게 전달된다.

듣는 사람의 머릿속으로 직접 영상을 보낸다는 기분으로 이야기하면 말하는 사람과 듣는 사람 모두 동일한 영상을 보면서 한 가지 주제에 대해 생각하고 대화할 수 있다.

나는 강연이나 세미나를 할 때는 이런 상황을 만들려고 노력한다. 이렇게 하면 그 자리에 참석한 사람도 즐겁고, 나 또한 이전의 체험을 다시 경험하

185

면서 새로운 발견을 할 수 있다. 동시에 사람들이 무엇에 흥미를 보이는지 알 수 있는 기회가 되기도 한다.

　오감을 사용해서 우리 몸 안에 들어온 정보는 그것만으로도 엄청난 힘이 있다고 한다. 자신의 눈으로 본 것, 귀로 들은 것, 이렇게 몸을 사용해서 체험한 것을 다른 사람에게 이야기하거나, 문장으로 표현함으로써 우뇌와 좌뇌가 활성화되어 독창적인 무언가를 떠올릴 수도 있다.

　무슨 일이든 자신이 '바로 이거야!' 라고 생각한 것은 실천하는 편이 좋다. 사회, 회사 등의 조직에서는 상식이라는 과거의 경험, 전례로 판단하는 경우가 많기 때문에 자신이 정말 하고자 하는 것이 무엇인지를 잊지 않도록 노력해야 한다. 이것이 후회하지 않기 위한 방법이다.

　거듭 당부한다.

　'자신의 생각을 바꿀 수 있는 것은 자신뿐이다.'

　나는 그저 당신이 생각을 바꿀 수 있는 기회를 제공할 뿐이다. 사람은 변하지 않을 자유도, 변화할 자유도 모두 가지고 있다. 그렇기 때문에 나는 내 자신을 바꾸려고 꾸준히 노력한다.

　만약 이 책을 읽고 변하겠다고 마음먹었다면, 변화를 서둘러라.

　비즈니스맨이여! 컴퓨터를 끄고 거리로 나와라! 수치나 허세 같은 건 모두 던져버리고 다른 사람의 충고에 귀를 기울여라.

　나처럼 구식 CPU가 장착된 뇌도 최신 소프트웨어를 읽어낼 수 있으니 사람의 뇌는 정말 놀라울 따름이다. 내 뇌에는 아드레날린이 충분히 분비되어 스파인이 여전히 그 탄력을 유지하고 있다고 믿고 있다.

　다른 사람이 뭐라고 말하든 나는 실제로 내 눈으로 보고, 듣고 그리고 경험하는 일을 계속할 것이다. 내 성격이 완고하기 때문이 아니라 이렇게 하는 편이 즐겁기 때문이다.

　즐거운 일은 얼마든지 지속할 수 있다.

　이는 내 경험을 통해 깨달은 사실이다.

쇼핑몰 커피숍에서 사카토 켄지

지은이 | 사카토 켄지

1955년 히로시마에서 태어났다. 무사시노 미술 단기 대학 상업 디자인과를 졸업한 후 광고 업계에 들어갔다. 광고 전략, 판매 촉진 관련 일을 하다가 고향인 히로시마로 돌아와 신산업 개발 연구소를 설립하고 대표 이사를 지냈다. 인재 육성 코치(COP 퍼스널 분석 시스템 슈퍼바이저), 비즈니스 플래너, 이미지 메이커(IMAGE MAKER)로 활약 중이다.

주요 저서로는 《메모의 기술》, 《정리의 기술》, 《반드시 성공하는 프레젠테이션 기술》, 《'재치 있는 사람'에게 사람들이 모이는 진정한 이유》, 《'자신을 바꾸는' 기술》, 《35세부터 시작하는 산행》, 《놀라운 정리술》 등이 있다.

옮긴이 | 김하경

계명대학교 대학원 일어일문학과를 졸업.

계명대학교, 대경대학, 경북 외국어 대학에서 일본어 강의를 했으며 현재는 엔터스코리아 출판 기획 및 일본어 전문 번역가로 활동 중이다.

역서로 《메모혁명》, 《15분마다 펜을 들어라》, 《성공의 교과서》, 《내 주머니 속의 성공수첩》, 《경영학산책》, 《그림으로 쉽게 배우는 지압 비타민 100》, 《하프타임》, 《세상에 필요하지 않은 사람은 단 한 사람도 없다》, 《성공으로 이끄는 위대한 명언》, 《부를 부르는 위대한 명언》, 《업무의 도구상자》, 《매니지먼트 통근대학 MBA1》, 《마케팅 통근대학 MBA2》, 《리더십 키우는 법》, 《대화 잘하는 법》, 《산책의 즐거움》, 《회사를 성장시키는 강한 관리자》, 《뇌를 활용하라 필승의 시간공략법》, 《내 안의 행복》, 《마음을 열어주는 유쾌한 대화술》, 《상대의 마음을 사로 잡는 대화의 법칙》, 《내 꿈을 실현시키는 액션 플랜》, 《우주핵물리학입문》, 《산타를 만났어》, 《신은 주사위 놀이를 하지 않는다 : 불확정성의 원리》 외 다수가 있다.